Schubert/Untergasser
Krankheiten der Fische

Gottfried Schubert
Dieter Untergasser

Krankheiten der Fische

vorbeugen, erkennen, heilen

Franckh-Kosmos

Impressum

Mit 28 Zeichnungen von Peter Löhle und Dieter Untergasser (Nr. 16, 18 bis 22) sowie 18 Farbaufnahmen von Dieter Untergasser.

Umschlaggestaltung von Atelier Reichert, Stuttgart, unter Verwendung von vier Dias von Burkhard Kahl. Das Titelbild zeigt einen Harnischwels (*Hypostomus spec.*), oben Neonsalmler (*Paracheirodon innesi*) sowie Prachtschmerlen (*Botia macracanthus*), die Umschlagrückseite einen Schwarm Keilfleckfarben (*Rasbora heteromorpha*).

Der Inhalt dieses Buches basiert auf dem Buch »Krankheiten der Fische« von Dr. Gottfried Schubert (10. Auflage 1988, ISBN 3-440-05528-0) bei Franckh-Kosmos.

Die Deutsche Bibliothek –
CIP-Einheitsaufnahme

Schubert, Gottfried:
Krankheiten der Fische : vorbeugen, erkennen, heilen / Gottfried Schubert ; Dieter Untergasser. – 2. Aufl. – Stuttgart : Franckh-Kosmos, 1994
   ISBN 3-440-06925-7
NE: Untergasser, Dieter:

Alle Angaben in diesem Buch sind sorgfältig geprüft und geben den neuesten Wissensstand bei der Veröffentlichung wieder. Da sich das Wissen aber laufend weiterentwickelt und vergrößert, muß jeder Anwender prüfen, ob die Angaben nicht durch neuere Erkenntnisse überholt sind. Dazu muß er zum Beispiel bei Behandlungsvorschlägen den Tierarzt konsultieren, Beipackzettel zu Medikamenten lesen, Gebrauchsanweisungen und Gesetze beachten.

2. Auflage / 1994
© 1991, Franckh-Kosmos Verlags-GmbH & Co., Stuttgart
Alle Rechte vorbehalten
ISBN 3-440-06925-7
Lektorat: Angela Wolf
Herstellerin: Kirsten Raue
Printed in Germany / Imprimé en Allemagne
Satz: G. Müller, Heilbronn
Herstellung: Huber KG, Dießen

Inhalt

Vorwort

Vorwort von Gottfried Schubert zur 5. Auflage

Seit der ersten Auflage der »Krankheiten der Fische« sind neun Jahre vergangen. Neue Krankheiten tauchten in dieser Zeit in unseren Aquarien auf, unser Wissen wuchs, und neue praktische Erfahrungen wurden gesammelt. Die vorliegende 5. Auflage wurde deshalb von Grund auf neu bearbeitet.

Ich habe mich bemüht, das Buch noch strenger auf die Bedürfnisse der Praxis des Pflegers tropischer Zierfische auszurichten. Es werden nur solche Krankheiten aufgeführt, die wirklich bei in Aquarien gehaltenen tropischen Fischen auftreten.

Die Diagnostik ist so angelegt, daß der interessierte Laie nach einiger Zeit des Erfahrung-Sammelns die Krankheiten sicher ansprechen kann. Dabei kamen mir viele Anregungen aus Liebhaberkreisen zugute.

Im Kapitel Medikamente habe ich mich bewußt auf eine geringe Anzahl zuverlässig wirkender Mittel beschränkt. Da aber gerade auf diesem Gebiet ein rascher Fortschritt zu verzeichnen ist, sei es dem Leser dringend empfohlen, Aquarienzeitschriften zu lesen. Auf die unübersehbare Fülle der im Fachhandel angebotenen Mittel konnte nicht eingegangen werden. Hier muß der Aquarianer selbst kritisch Erfahrung sammeln.

Stuttgart   *Gottfried Schubert*

Was wir brauchen

Fangglocken: Kranke Fische sollen möglichst nicht mit dem Netz herausgefangen werden, da sonst Hautbeläge, die uns interessieren, leicht abgerieben werden könnten. Am besten kaufen wir eine größere und eine kleinere Fangglocke. Zum genauen Betrachten der Patienten dient die kleinere. In ihrem Rohr lassen sich auch kleine Fische mit der Lupe beobachten; sie können sich darin nicht umdrehen.

Falls man Fangglocken nicht im Handel erhält, kann man sie sich in einer Glasbläserei anfertigen lassen. Im Zoofachhandel sind ebenfalls geeignete engmaschige Fangkescher aus weichem Gazematerial erhältlich.

Netz: Zum Herausfangen großer Fische läßt sich ein Netz nicht umgehen, außerdem brauchen wir es, um die Fische in die Glasglocke hineinzutreiben.

Pipette: Um aus der Kiemenhöhle Parasiten zu entnehmen, brauchen wir eine Tropfpipette mit Gummibällchen. Das Ende soll möglichst dünn und rund geschmolzen sein.

Präparierbecken: Oft werden wir Fische sezieren müssen. Dazu benötigen wir ein Präparierbecken. Wir können es leicht anfertigen. Wir nehmen eine flache Schale, die mindestens $1^1/_2$mal so lang und doppelt so breit wie unser größter Fisch und 5–7 cm hoch ist, und gießen sie 1,5–2 cm dick mit Wachs aus. Für die Schale ist Zinkblech am geeignetsten, doch ist jedes Material verwendbar, das sich bis über den Schmelzpunkt des Wachses erwärmen läßt. Für die Füllung dient Paraffin (alte Kerzenreste usw.), das mit 5–10 % Ceresin oder Bienenwachs gemischt wird, um es etwas weicher zu machen. In diesem Becken wird der Fisch mit Stecknadeln festgesteckt, damit wir mit freien Händen und, wenn nötig, unter Wasser sezieren können. Die Sektion unter Wasser durchzuführen, hat allerdings den Nachteil, daß beim Öffnen der Leibeshöhle und Herauspräparieren der Organe die Erreger fortschwimmen und verlorengehen können.

Scheren: Zum Öffnen größerer Fische ist eine kräftige Schere notwendig, am besten mit einem abgerundeten und einem spitzen Blatt. Eine zweite, feine, beidseitig spitze Schere benutzen wir für die inneren Organe und die Sektion kleiner Fische. Für das Töten größerer Fische wird zusätzlich noch eine Geflügelschere benötigt.

Pinzetten: Wir brauchen eine größere, stumpfe und ein bis zwei kleine, spitze Pinzetten. Die Spitzen müssen durch Querrillen griffig sein, sonst läßt sich die glitschige Fischhaut nicht festhalten. Noch besser sind medizinische Pinzetten geeignet, die feine Häkchen am vorderen Ende besitzen.

Skalpell: Ein spitzes Skalpell mit Metallgriff ist oft vorteilhaft, aber nicht unbedingt notwendig.

Präpariernadeln: Präpariernadeln sind Nadeln (spitze, stumpfe, lanzettförmige), die in einem Griff gefaßt sind. Wir verwenden sie wegen ihrer Feinheit dann, wenn unsere anderen Instrumente zu grob sind. Wer sie kaufen will, wähle Halter mit auswechselbaren Nadeln. Ebenso gut sind spitze und stumpfgefeilte Stecknadeln, die wir selbst in passende Holzstäbchen schäften.

Da unsere Metallgeräte zwangsläufig naß werden, lohnt sich der höhere Preis für rostfreien Stahl.

7

Lupen: Unbedingt benötigen wir zwei Lupen, eine schwächere, etwa 3fach vergrößernd, und eine starke, die etwa 10- bis 12fach vergrößert. Die schwache erlaubt uns ein genaueres Sehen bei größerem Abstand (ca. 8 cm), also z. B. in der Fangglocke. Die stärkere Lupe mit einem Arbeitsabstand von etwa 2 cm ist nur am toten Tier verwendbar. Doppeleinschlaglupen, die verschiedene Vergrößerungen gestatten, z. B. 3-, 6- und 9fach, je nachdem, ob die erste, die zweite oder beide Linsen zusammen benutzt werden, sind oft recht praktisch, doch haben sie einen Nachteil: Die übersehbare Fläche ist kleiner als bei einer nur für diese Vergrößerung vorgesehenen Lupe.

Mikroskop: Manche Untersuchungen lassen sich ohne Mikroskop nicht durchführen. Es braucht kein teures Instrument zu sein; ein einfaches Gerät, das Vergrößerungen zwischen 30fach und 300- bis 500fach erlaubt, reicht aus. Aquarienvereine könnten mit der Anschaffung eines solchen Instrumentes ihren Mitgliedern helfen.

Objektträger: Objektträger sind rechteckige Glasplatten (Normgröße 76 × 26 mm), auf die das zu mikroskopierende Material gelegt wird.

Deckgläser: Mit Deckgläsern – dünnen Glasplättchen, für unsere Zwecke etwa 18 × 18 mm groß und etwa 0,17 mm dick – werden die auf Objektträgern liegenden Proben bedeckt.

Objektträger und Deckgläser leisten nicht nur beim Mikroskopieren, sondern auch für Lupenbetrachtungen im durchfallenden Licht gute Dienste.

Meßpipetten: Zum Abmessen kleiner Mengen von Medikamentenlösungen benutzen wir Meßpipetten. Wir kommen mit einer 2-ml-Pipette, unterteilt in Hundertstel ml, und mit einer 10-ml-Pipette, unterteilt in Zehntel ml, aus (1 ml = 1 cm^3 = 1 ccm). Die Lösung wird mit dem Mund angesaugt (Vorsicht, nicht in den Mund bekommen!), dann wird die obere Öffnung der Pipette mit dem Finger verschlossen. Durch vorsichtiges Lockern des Fingers lassen wir die Flüssigkeit tropfenweise auslaufen und lesen die ausgelaufene Menge an der Einteilung der Pipette ab. Die Pipetten sind so geeicht, daß bei vollständiger Entleerung die Menge stimmt, wenn nichts mehr ausläuft, in der Spitze aber noch einige Tropfen sitzen. Nicht ausblasen! Nach jeder Benutzung müssen die Pipetten gut ausgewaschen werden.

Meßzylinder: Größere Flüssigkeitsmengen messen wir mit Meßzylindern, graduierten Standrohren aus Glas oder Kunststoff. Ein Meßzylinder zu 100 ml genügt. Für noch größere Mengen benutzen wir die in der Küche gebräuchlichen Meßbecher.

Wie wir einen Fisch untersuchen

Für jeden einzelnen untersuchten Fisch legen wir uns ein Untersuchungsprotokoll an. Es ist sinnvoll, diese Protokolle immer nach dem gleichen Schema aufzubauen. Die nebenstehende Tabelle gibt ein Beispiel; sie kann durch Fotokopieren vervielfältigt werden.

Untersuchung

Untersuchungs-Nr.:   Datum:

Fisch-Art: Geschlecht: Alter:

Herkunft: lebend/getötet/tot seit:

Becken:

Vorgeschichte:

Untersuchung:

Äußeres Erscheinungsbild

Abstriche

Kotuntersuchung

Kiemen

Leibeshöhle

Leber

Galle

Magen

Darm

Geschlechtsorgane

Schwimmblase

Niere

Gehirn

Muskulatur

Bemerkungen

Diagnose: Behandlung:

Erfolg:

Untersuchung

Aus der Sammlung dieser Protokolle lassen sich mit der Zeit wertvolle Schlüsse ziehen, z. B., daß wir von diesem oder jenem Züchter nicht mehr kaufen sollten, da seine Becken verseucht sind; oder wir erkennen, daß eine Krankheit immer nach Gaben von Futter aus bestimmten Gewässern auftritt usw. Wir tragen, soweit uns bekannt, alle Einzelheiten ein. Unter »Vorgeschichte« führen wir alles auf, was wir über diesen Fisch wissen und was wir bisher schon an ihm beobachtet haben. Zur Untersuchung gehen wir Punkt für Punkt die Tabelle Seite 63 durch und tragen in unser Protokoll ein, was uns als nicht normal auffällt.

In der genannten Tabelle finden wir bei den verschiedenen Symptomen einen Hinweis auf mögliche Krankheiten und die Angabe der Seite, auf der diese Krankheiten näher beschrieben sind. Wir schlagen dort nach und prüfen, ob es diese Erkrankung sein kann. Lassen die Symptome mehrere Möglichkeiten zu, so wird es uns an Hand der Beschreibung der Krankheiten nicht schwerfallen zu erkennen, welche im gegebenen Falle vorliegt. Auch Behandlungsmöglichkeiten finden wir bei der Krankheitsbeschreibung angegeben.

Teil I der Tabelle behandelt Symptome, die am lebenden Fisch erkennbar sind. Aus ihnen ersehen wir, neben ersten Hinweisen auf die Art der Erkrankung, welche Organe besonders genau untersucht werden müssen. Wenn irgend möglich, fischen wir frisch abgesetzten Kot mit einer Pipette aus dem Aquarium und bringen ihn auf einem Objektträger unter das Mikroskop.

Der Fisch muß schonend und ohne Jagen herausgefangen werden. Zunächst prüfen wir alles, was wir feststellen können, solange der Fisch in der Glocke schwimmt. Wir gehen dabei unsere Tabelle durch. Für die folgenden Untersuchungen muß der Fisch jeweils *kurz* aus dem Wasser genommen werden. Dabei prüfen wir zunächst den Augenreflex. Ein gesunder Fisch versucht stets, mit den Augen in waagerechter Richtung zu blicken. Halten wir ihn schräg, verschiebt er die Augen entsprechend Bild 1. Fehlt dieser Reflex, müssen wir bei der weiteren Untersuchung besonders auf das Gehirn achten. Aber auch im Endstadium diverser schwerer Erkrankungen kann der Augenreflex zum Erliegen kommen.

Größere Fische erschweren die Untersuchung durch ihre Abwehrbewegungen. Wer dabei die harten Stacheln der Rückenflosse mancher Fische in die Finger bekommt, läßt leicht den Fisch fallen. Man betäubt daher den Fisch besser zur Untersuchung (Betäubungsmittel s. S. 54).

Wichtig: Giftige Fische (Rotfeuerfisch, Steinfisch usw.) sollte der Laie auch im betäubten Zustand nicht untersuchen.

Finden wir eine Hauttrübung oder Hautbeläge, stellen wir einen Hautabstrich her, indem wir mit einem stumpfen Gegenstand

Bild 1: Augenreflex (vgl. Text).

(stumpfe Seite des Skalpells, stumpfer Spatel) *leicht* von vorn nach hinten über die verdächtigen Stellen fahren. Den abgekratzten Schleim übertragen wir auf einen Objektträger, fügen einen kleinen Tropfen Wasser hinzu und verrühren beides. Dann legen wir ein Deckglas auf. Mit der starken Lupe, besser mit dem Mikroskop, suchen wir nach Parasiten. Wir können dem Wasser Tusche im Verhältnis 1:10 zusetzen, die Parasiten heben sich dann hell von der dunklen Umgebung ab.

Zur Untersuchung der Kiemen führen wir eine feine, vorn rundgeschmolzene Pipette mit Gummibällchen unter den Kiemendeckel, sprühen etwas Wasser in die Kiemenhöhle und saugen es sofort wieder ein. Den Pipetteninhalt geben wir auf einen Objektträger, legen ein Deckglas auf und mikroskopieren.

Sind auf den Kiemen Parasiten in größerer Anzahl, so findet man sie auf diese Weise sicher, ohne den Fisch zu töten. Vereinzelte Schmarotzer, die uns so entgehen könnten, spielen für das Befinden des Fisches keine Rolle. Diese Untersuchung sollte nur am betäubten Fisch vorgenommen werden. Bei heftigen Abwehrbewegungen könnten wir sonst die Kiemen so beschädigen, daß tödliche Wunden entstehen.

Können wir aus den bisher gewonnenen Erkenntnissen keine sicheren Schlüsse ziehen, müssen wir den Fisch zu Untersuchungen nach Teil II unserer Tabelle töten. Außer vielleicht bei sehr wertvollen Einzelstücken sollte man sich immer dazu entschließen; denn eine Krankheit betrifft fast nie einen einzelnen Fisch allein, sondern gefährdet alle Beckeninsassen. Der Entschluß, einen Fisch zu opfern, dafür aber die Chance zu erhalten, die anderen zu retten, kann nicht schwerfallen. Können wir auf eine Blutuntersuchung verzichten – sie ist in unserem Rahmen nur bei einigen Kaltwasserfischen (Goldfisch, Karpfen, Karausche, Elritze, Stichling) und afrikanischen Cichliden sinnvoll –, töten wir den Fisch am schnellsten und sichersten durch einen Schnitt mit der Schere durch die Wirbelsäule unmittelbar hinter dem Kopf (tief schneiden!).

Eine weitere Möglichkeit ist: Wir setzen die Fische in eine stärkere Lösung von Betäubungsmitteln, in der sie in tiefer Narkose sterben. Die Methode hat den Nachteil, daß sich anhaftende Parasiten leicht ablösen, den betäubten Fisch verlassen und sich unserer Untersuchung entziehen.

Die rascheste und schonendste Tötungsart bleibt der Schnitt durch das Rückenmark. Wem die Methode zu blutig vorkommt, möge bedenken, daß es darauf ankommt, den Fisch so schnell und schmerzlos wie möglich zu töten, nicht aber darauf, die eigenen Nerven zu schonen. Wenn wir den Fisch vorher betäuben und, kurz nachdem er keine Reaktionen mehr zeigt, durch einen Genickschnitt töten, lösen sich aufgrund der verkürzten Zeitspanne nur wenige Parasiten. Die meisten bleiben für die Untersuchung erhalten.

Wollen wir das Blut untersuchen, müssen wir den Fisch mit einem Betäubungsmittel in tiefe Narkose versetzen. Dann trocknen wir den hinteren Teil des Tieres sorgfältig ab und trennen den Schwanz am Stiel mit einem Schnitt vom Körper. Das heraustropfende Blut fangen wir auf einem Objektträger auf und verdünnen es mit 0,64%iger Kochsalzlösung (6,4 g Salz auf 1 l Wasser). Unter dem Mikroskop prüfen wir das Blut auf Parasiten zunächst bei schwacher (50facher), dann bei stärkerer (bis 300facher) Vergrößerung.

Vom getöteten Fisch wird ein weiterer Hautabstrich angefertigt. Diesmal dürfen wir etwas fester mit der Kante eines Objektträgers

Untersuchung

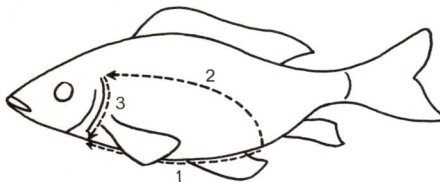

Bild 2: Schnittführung bei der Sektion des Fisches.

kratzen. Wir untersuchen besonders die Ansatzstellen der Rücken- und Schwanzflosse, den Winkel unter den Brustflossen und entlang der Seitenlinie. Auch ein Stück von den Flossen soll unter dem Mikroskop bei schwacher und mittlerer Vergrößerung betrachtet werden.

Dann entfernen wir den Kiemendeckel. Von den Kiemen kommen bei kleineren Fischen ganze Kiemenbögen, bei größeren einige Kiemenblättchen auf einem Objektträger unter die Lupe oder das Mikroskop.

Danach schneiden wir den Fisch auf. Dazu wird er am besten mit Stecknadeln im Präparierbecken festgesteckt. Wir stechen mit

einem Scherenblatt vorsichtig vor dem After ein und schneiden in der Bauchmittellinie bis in die Kiemenregion nach vorn. Der zweite Schnitt läuft vom After am Rand der Leibeshöhle entlang im Bogen bis zum oberen Rand des Kiemendeckels. Wir bemühen uns, so flach wie möglich zu schneiden, um keine inneren Organe zu verletzen. Das jetzt an zwei Seiten freie, dreieckige Stück der Körperwand heben wir in der Aftergegend an und drängen mit dem Stiel des Skalpells oder der stumpfen Pinzette anhängende innere Organe ab. Dann wird Schnitt 1 und 2 durch Schnitt 3 (Bild 2) verbunden und das Hautstück zur Seite gelegt, an dem oft die Niere hängenbleibt. Wir notieren, ob die Leibeshöhle mit Flüssigkeit (Ascites) gefüllt ist. Hat es beim Schneiden stark geblutet – wir haben dann Fehler gemacht –, spülen wir den Fisch unter fließendem Wasser ab.

Nun orientieren wir uns durch Vergleich mit Bild 3, wo die verschiedenen Organe liegen, und legen sie etwas auseinander. Das ge-

Bild 3: Schema der inneren Organe des Fisches.

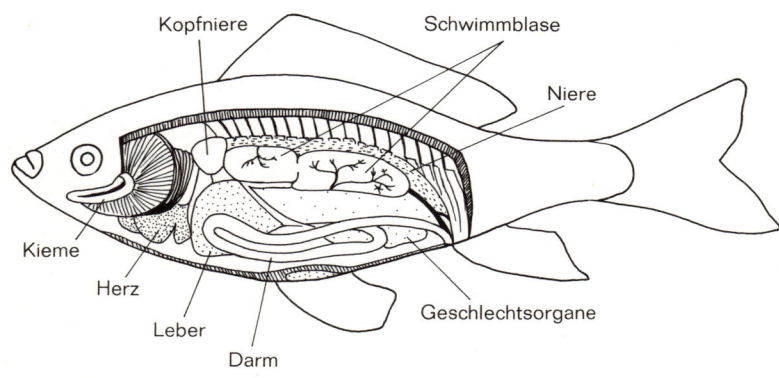

lingt oft leichter, wenn das Präparierbecken mit Wasser gefüllt wird. Zwischen den Darmschlingen verborgen liegt die Milz, die an ihrer lebhaft roten Farbe leicht erkennbar ist. In Bild 3 ist die Milz nicht eingezeichnet, da sie erst sichtbar wird, wenn wir den Darm auseinandergelegt haben. Mit dem bloßen Auge und der Lupe kontrollieren wir die Organe an Hand unserer Tabelle. Wo nötig, fertigen wir Zupf- und Quetschpräparate an, indem wir Organteile mit zwei Nadeln zerzupfen oder zwischen Objektträger und Deckglas mit etwas Wasser zerquetschen. Die Präparate prüfen wir unter dem Mikroskop oder mit unserer starken Lupe.

Die Fotografie eines Quetschpräparates der gesunden Leber befindet sich auf Seite 18 oben. Wir können uns an Hand von solchen Präparaten nicht über den Aufbau der Organe orientieren, da der natürliche Zusammenhalt der Zellen zerstört ist. Parasiten fallen in der Regel sofort auf. Im Leberpräparat finden sich neben Leberzellen und roten Blutkörperchen oft gelbe Körner, die aus Hämosiderinen bestehen. In geringer Menge sind sie fast in jeder Leber enthalten, doch zeigt ihr Vorkommen eine Schädigung an. Stellen wir daher viele gelbe Körner fest, müssen wir besonders sorgfältig nach Parasiten suchen.

Quetschpräparate der Niere lassen, wenn wir nicht zu stark auf das Deckglas gedrückt haben, noch die Nierenkanälchen erkennen, von denen sich etwaige Parasiten deutlich abheben. Im Muskelpräparat erkennen wir die Muskelfasern und oft auch ihre Quer-

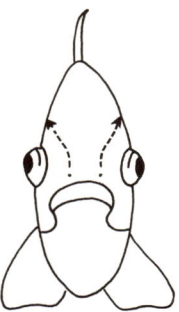

Bild 4: Schnittführung zur Eröffnung der Schädelkapsel.

streifung. In die Muskeln eingelagerte Parasiten sind wesentlich weniger durchsichtig als ihre Umgebung.

Der Darm wird der Länge nach aufgeschnitten und auch von innen betrachtet. Von seinem Inhalt fertigen wir ein Ausstrichpräparat an und beobachten es unter dem Mikroskop. Zum Schluß öffnen wir die Schädelkapsel, indem wir mit flach gehaltener Schere von links und rechts der Nasenöffnungen nach hinten schneiden und vorn die beiden Schnitte durch einen Querschnitt verbinden (Bild 4). Wenn wir die so entstandene Zunge abheben, liegt das Gehirn frei. Auch von diesem wird ein Quetschpräparat angefertigt. Die Eröffnung der Schädeldecke ist für unsere Zwecke nur notwendig, wenn Verdacht auf Gehirnschädigung besteht (fehlender Augenreflex, anomale Bewegungsweisen).

Durch vielzellige Parasiten verursachte Krankheiten

Vielzeller (Metazoa) sind Tiere, die aus vielen Zellen aufgebaut sind.

Niedere Krebse
(Entomostraka)

Aus der Verwandtschaft der als Fischfutter geschätzten Cyclops und Daphnien können einige Arten unseren Fischen gefährlich werden:

Karpfenlaus (*Argulus*, Bild 5)

Krankheitsursache: Sowohl die Larven der Karpfenläuse (mehrere Arten) wie auch die erwachsenen Tiere können mit einem zwischen den Augen liegenden und mit einer Giftdrüse versehenen Stachel die Fischhaut verletzen. Durch die Stiche und die dauernde Bewegung der Krebsbeine werden die Fische stark beunruhigt und in der Entwicklung gehemmt. Wahrscheinlich kann die Karpfenlaus auch die Bauchwassersucht und andere Krankheiten von Fisch zu Fisch übertragen.

Krankheitsbild und Diagnose: Befallene Fische zeigen oft Flossenklemmen, sind sehr unruhig und führen scheuernde Bewegungen aus. An den Stichstellen bilden sich rötliche Entzündungen, die in eine weißlichgraue Verfärbung übergehen können. Wallbildungen um die Stichstellen kommen vor. Die Karpfenlaus ist mit bloßem Auge gut zu erkennen (5–8,5 mm). Sie findet sich auf dem ganzen Körper, doch wird meist die Rückenflosse bevorzugt; auch die Kiemen werden befallen.

Vorkommen und Prognose: Karpfenläuse sind häufige Parasiten freilebender Fische und können ins Aquarium eingeschleppt werden. Im Warmwasserbecken halten sie sich nicht lange. Es sind aber schon tropische Arten, denen auch Warmwasser zusagt, mit Fischimporten in unsere Aquarien gekommen. Kleine Fische können am Gift der Parasiten sterben. Die Krankheit ist gut behandelbar.

Therapie: Präparate, die Trichlorfon enthalten (s. S. 58). Einzelne Karpfenläuse können von den Fischen abgelesen werden.

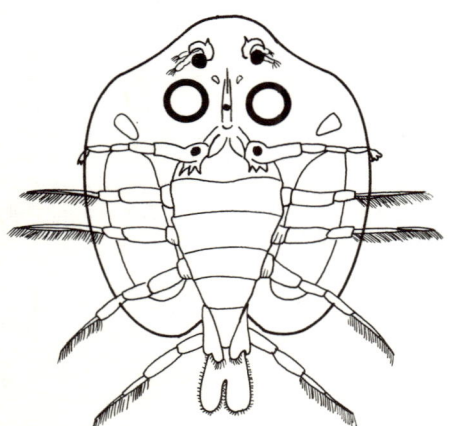

Bild 5: Karpfenlaus *Argulus*.

Kiemenkrebse (*Ergasilidae*, Bild 6)

Krankheitsursache: Die Larven (Nauplien) der Kiemenkrebse (es gibt mehrere Arten) sind von *Cyclops*-Larven nicht zu unterscheiden. Die Kiemenkrebs-Nauplien setzen sich jedoch auf den Kiemen von Fischen fest und wachsen dort, je nach Art, bis zu 0,5–2 mm Länge heran. Der erwachsene Krebs verläßt den Wirt nicht mehr. Mit dem zu Haken umgebildeten zweiten Antennenpaar heften sich die Parasiten fest und klemmen dabei leicht die Kiemengefäße ab.

Krankheitsbild und Diagnose: Äußerlich ist den Fischen meist nichts anzumerken, nur bei sehr starkem Befall magern sie ab. Die Kiemen erscheinen oft blaß, da nur wenig Blut durch die abgeklemmten Gefäße strömt. Die Krebse lassen sich leicht mit der Lupe erkennen. Außer auf den Kiemen finden sich die Parasiten auch gelegentlich auf der Haut. Für die meisten *Ergasilus*-Arten ist ein leuchtend blauer Fleck auf dem Vorderkörper typisch.

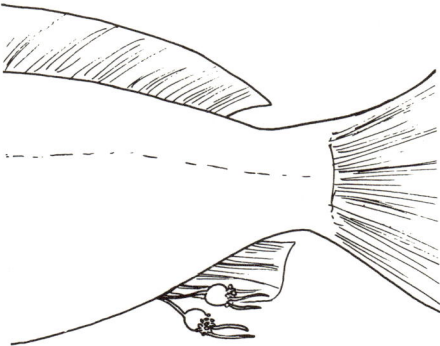

Bild 7: *Lernaea;* aus dem Fischkörper herausragende Eiersäcke der Parasiten.

Vorkommen und Prognose: Die Kiemenkrebskrankheit kommt an größeren Fischen in Süß- und Seewasseraquarien vor. An den Kiemen kleinerer Fische finden die Krebse keinen Halt. Die Heilungsaussichten sind gut.

Therapie: Präparate, die Trichlorfon enthalten (s. S. 58).

Lernaea und Verwandte

Zur Gattung *Lernaea* (Bild 7) und verwandten Formen gehören Arten von sehr wechselnder Größe. Die Krebse bohren sich mit dem Körper in die Haut ein, nur die großen Eiersäcke hängen nach außen. Der Befall ist sehr leicht erkennbar (s. Bild). Als Therapie werden Präparate, die Trichlorfon enthalten, empfohlen (s. S. 58).

Bild 6: Kiemenkrebs *Ergasilus*.

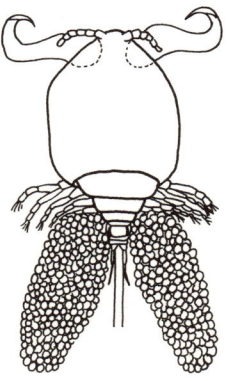

Egel (*Hirudinea*)

Fischegel, Verwandte des bekannten medizinischen Blutegels, können bei Wild- und Nutzfischen Schaden anrichten. Im Aquarium spielen sie keine Rolle. Unsere einheimischen Arten können sich im Warmwasser nicht halten und werden wegen ihrer Größe (1—5 cm) rasch entdeckt. Letzteres gilt auch für mit Importen eingeschleppte tropische Arten. Man kann sie einfach ablesen, notfalls veranlaßt sie ein Kochsalz-Tauchbad (s. S. 57), rasch loszulassen.

Kratzer *(Acanthocephala)*

Krankheitsursache: Kratzer sind in freilebenden Fischen häufige Parasiten des Darmes. Mit ihrem Hakenrüssel (Bild 8) verankern sie sich in der Darmwand. Die Eier gelangen mit dem Kot ins Freie. Die aus dem Ei schlüpfende Larve befällt Kleinkrebse und Insektenlarven. Frißt ein Fisch solche Krebstiere, wird er infiziert. Bei manchen Kratzern bildet sich im ersten Fisch nur eine zweite Larvenform aus, und erst wenn dieser Fisch von einem größeren gefressen wird, entwickelt sich in ihm die erwachsene Form. Kratzer schädigen ihren Wirt durch Nahrungsentzug und – besonders bei häufigem Platzwechsel im Darm – durch Darmverletzungen mit dem Rüssel.
Krankheitsbild und Diagnose: Einzelne Kratzer werden zumindest von größeren Fi-

schen reaktionslos vertragen. Bei kleinen Fischarten oder bei Massenbefall magern die Tiere ab und können schließlich eingehen. Erwachsene Kratzer sind im Darm leicht sichtbar; ihr charakteristischer Rüssel – vom Darmschleim gereinigt – ist mit einer starken Lupe erkennbar. Kratzerlarven liegen meist in der Leibeshöhle. Auch bei ihnen findet sich der charakteristische Rüssel.
Vorkommen und Prognose: Kratzer sind bei Aquarienfischen selten. Nur Wildfänge sind häufiger befallen.
Therapie und Prophylaxe: Für die Behandlung kommen zwei Medikamente in Betracht, die beide über das Futter verabreicht werden müssen. Von Piperacincitrat mischt man 600 Milligramm auf 100 Gramm Futter und verfüttert dieses am 1. und 8. Tag je einmal morgens und abends. Praziquantel ist der Wirkstoff in dem Wurmmittel Droncit® von Bayer. Man mischt 5 Milligramm des Wirkstoffs auf 100 Gramm Futter, das entspricht einem Viertel einer zu Pulver zerstoßenen Tablette Droncit® auf 100 Gramm Futter.
Für größere Fische besteht Infektionsgefahr bei der Fütterung mit *Gammarus* (Bachflohkrebse). Dieses an sich sehr gute Futter sollte daher nur aus sicher fischfreien Gewässern bezogen werden. Gefriert man die Bachflohkrebse vor dem Verfüttern mindestens eine Woche lang bei −20 °C ein oder erhitzt sie mindestens fünf Minuten lang auf 80 °C, so sind die Larven der Kratzer in den Futtertieren abgetötet.

Bild 8: Kratzer *Acanthocephalus;* Hakenrüssel.

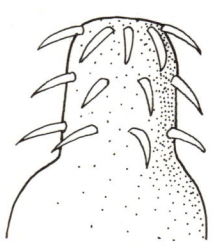

Oben: Kiemen eines gesunden Fisches.
Unten: Gesunder Darm eines Fisches, Frischpräparat, Vergr.: 115 x.

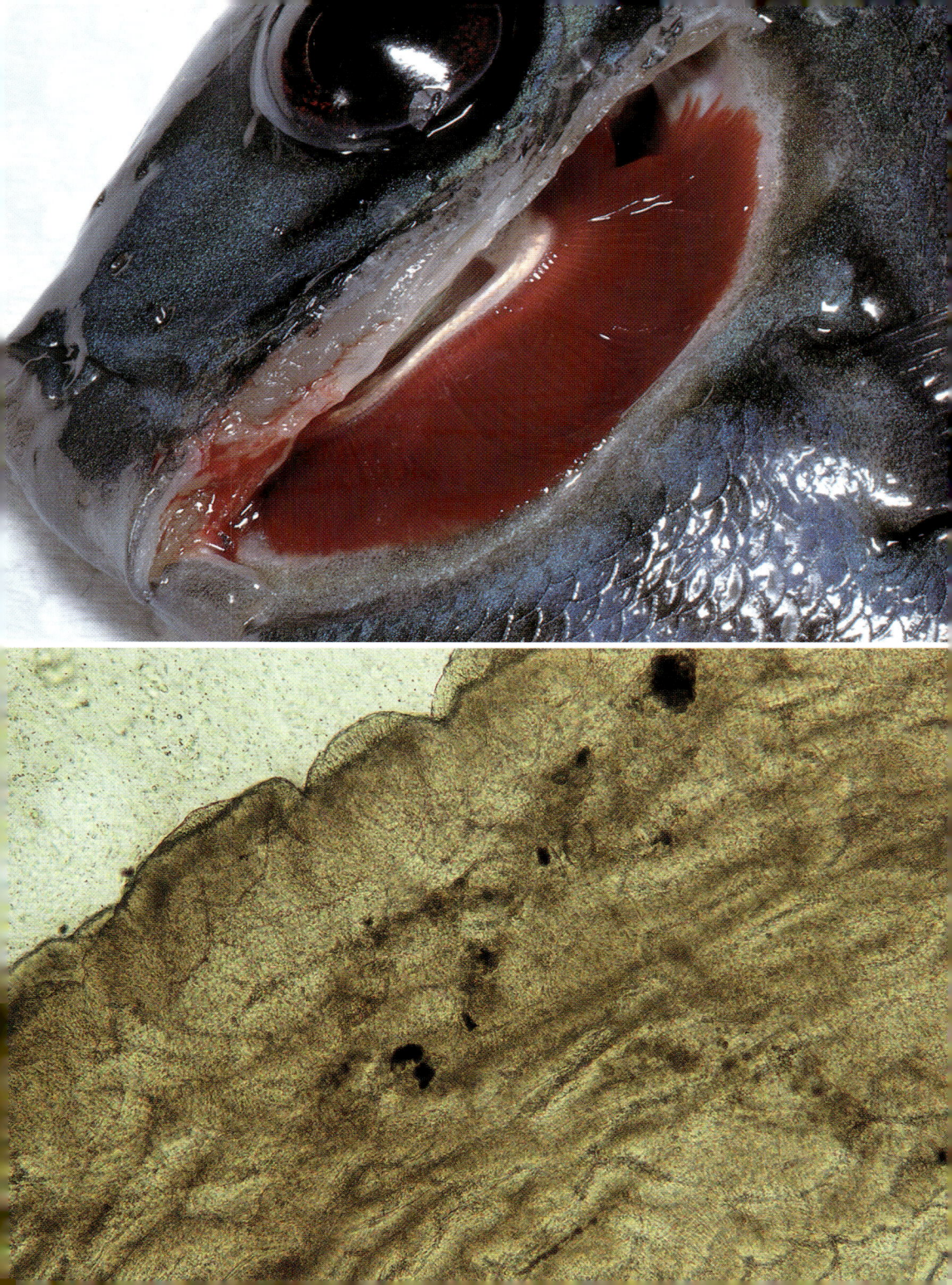

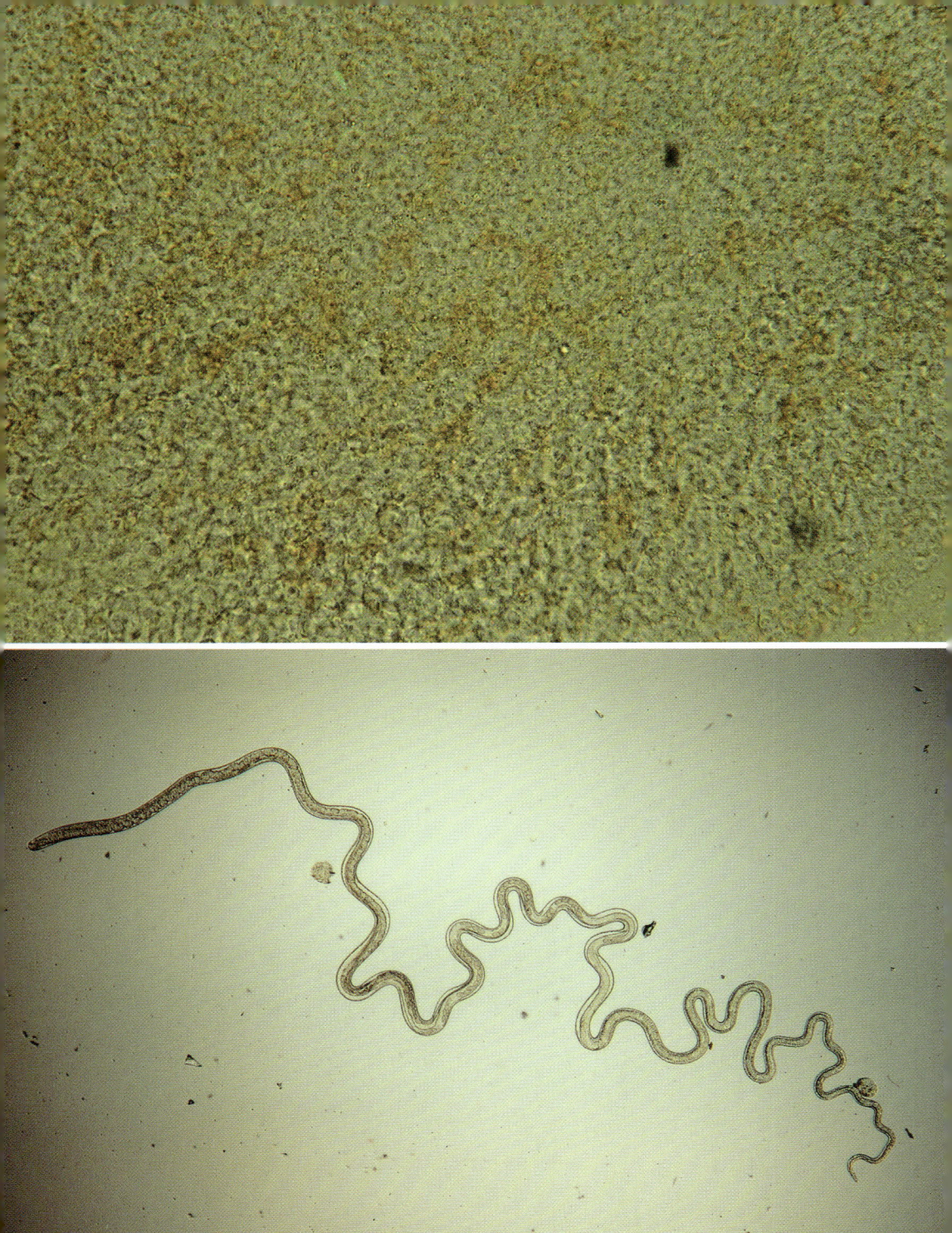

Fadenwürmer

Fadenwürmer *(Nematodes)*

Fadenwürmer sind meist sehr schlanke Würmer, die immer einen drehrunden Querschnitt haben. Bei Wildfängen finden sich sehr viele verschiedene Arten, teils als erwachsene Würmer fast immer im Darm, teils als Larven in den verschiedensten Organen. Sie warten dort, bis ein fischfressendes Tier (Vogel, größerer Fisch, Krokodil usw.) den Fisch frißt. Erst in diesem Tier werden sie erwachsen.

Gegen Larven kann man nichts unternehmen. Da die meisten bei Fischen vorkommenden Nematoden sich in der geschilderten Weise über einen oder mehrere Zwischenwirte entwickeln, können sie sich im Aquarium nicht ausbreiten, da die Entwicklungskette unterbrochen ist.

Bisher haben sich nur drei ohne Zwischenwirt auskommende Gattungen in unseren Aquarien eingebürgert.

Haarwurm *(Capillaria)*

Krankheitsbild und Diagnose: Schwacher Befall wird meist reaktionslos vertragen. Bei stärkeren Infektionen fressen die Tiere schlecht und magern ab. Der Befall läßt sich am lebenden Tier leicht nachweisen: Im frisch abgesetzten Kot finden sich die charakteristischen Eier, die wie an beiden Enden mit Sektpfropfen verschlossen aussehen. Bei der Sektion finden sich dann die Würmer. Die Weibchen enthalten eine große Anzahl der Eier in verschiedenen Reifungsstadien. (Wurm: S. 18 unten, Ei: S. 35 oben)

Oben: Leber eines gesunden Fisches, Quetschpräparat, Vergr.: 210 x.
Unten: *Capillaria sp.,* Lebendpräparat, Länge: 15 mm.

Bild 9: Ei von *Capillaria.*

Vorkommen und Prognose: *Capillaria* findet sich hauptsächlich bei Cichliden und Welsen. Skalare, Diskus und Uaru sind ziemlich regelmäßig befallen. Heilung ist nicht immer möglich. Von befallenen Elterntieren sollten die Jungen, wenn möglich, künstlich aufgezogen werden.

Therapie: Man verfüttert Rote Mückenlarven, die in einer Lösung von Concurat (s. S. 54) gebadet werden, bis sie gerade absterben.

Trichlorfonhaltige Präparate (s. S. 58) wirken in Konzentrationen von 1,5 mg/l Trichlorfon, doch vertragen nicht alle Fische diese Konzentration. Man muß daher an einem Tier zunächst versuchen, ob die Kur möglich ist.

Sicherer ist die Behandlung mit Flubenol 5% bei dreimaliger Anwendung im Abstand von 7 Tagen (s. S. 54), wenn sie konsequent durchgeführt wird.

Diskus-Madenwurm *(Oxyurida)*

Krankheitsursache: Der Diskus-Madenwurm (Bild S. 35 unten) lebt überwiegend im vorderen und mittleren Bereich des Darmes. Er tritt in großen Mengen auf und schadet den Fischen durch Entzug der Nahrung. Bisher wurde er nur bei Diskusfischen und Skalaren nachgewiesen. Andere Fischarten, die längere Zeit mit befallenen Fischen vergesellschaftet waren, wurden nicht infiziert. Die

Fadenwürmer

Würmer leben frei im Darm und sind andauernd in schlängelnder Bewegung.

Die weiblichen Exemplare werden bis zu 4 Millimeter groß und sind mit dem bloßen Auge in einem Darminhaltspräparat zu erkennen. Sie produzieren große Mengen länglich-ovaler Eier, die durch lange elastische Fäden, sogenannte Eischnüre, miteinander verbunden sind. Bei einem Massenauftreten können die vielen Eier mit ihren Schnüren zu Pfropfen verkleben und einen Darmverschluß verursachen. Nach kurzer Zeit werden die Eischnüre spröde und brechen. Dann schlüpfen auch schon die Larven aus den Eiern. Die Schnüre haben den Zweck, zu verhindern, daß die Eier mit dem Fischkot ausgeschieden werden. Die Übertragung erfolgt hauptsächlich durch ausgeschiedene Larven, wenn Kot von anderen Fischen gefressen wird. Um eine sichere Diagnose zu stellen, müssen die Würmer nach Sektion des Fisches im Darminhaltspräparat nachgewiesen werden.

Therapie: Die Behandlung kann durch Verfüttern von concurathaltigen Roten Mückenlarven erfolgen (s. S. 54). Sicherer ist die Bekämpfung mit Flubenol 5% bei dreimaliger Anwendung im Abstand von 7 Tagen (s. S. 54).

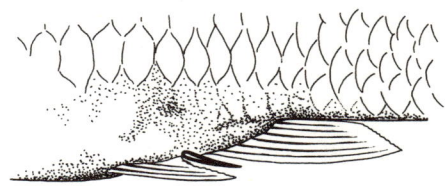

Bild 10a: Bauchpartie eines Guppy-Weibchens mit aus dem After hervorhängenden *Camallanus*.

recht schwere Wunden, durch die die im Darm lebenden Parasiten (z.B. *Spironucleus*) leicht in die Leibeshöhle vordringen können. Da *Camallanus* lebendgebärend ist, kann man aber im frisch abgesetzten Kot die sehr kleinen und dünnen Larven unter dem Mikroskop sehen. Stärker befallene Tiere magern ab und zeigen häufig Rückgratverkrümmungen.

Vorkommen und Prognose: *Camallanus* kann fast alle Zierfische befallen, ist jedoch bei Lebendgebärenden, vor allem Guppies und Mollies, besonders häufig.

Therapie: Behandlung mit trichlorfonhaltigen Mitteln (s. S. 58) entfernt die Parasiten nicht zuverlässig. Auch Flubenol 5% wirkt

Bild 10b: Vorderteil eines Camallanus, an der Darmwand festgebissen.

Fräskopfwurm *(Camallanus)*

Krankheitsbild und Diagnose: Der Fräskopfwurm lebt am Darmausgang der Fische. Bei manchen Fischarten hängen die Würmer, lebhaft rot gefärbt, mehrere Millimeter aus dem After, wenn der Fisch ruhig steht. Die Würmer ziehen sich aber sofort ins Innere zurück, wenn der Fisch sich bewegt. Dieses Bild tritt besonders bei Guppy-Weibchen auf. Bei anderen Fischarten sind die Würmer so nicht zu sehen. Die Würmer verbeißen sich in der Darmwand und setzen

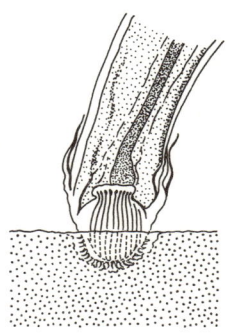

bei einer dreimaligen Anwendung nicht zuverlässig. Das liegt daran, daß die Würmer sehr große Nahrungsreserven in Form von Fett gespeichert haben. Dementsprechend lange dauert es, bis die Würmer abgestorben sind (s. S. 54). Man muß die Behandlung nach 2 Wochen wiederholen.

Bild 11: Bandwurm (*Diphyllobothrium*-Arten). Entwicklungszyklus: **a)** Ei; **b)** Coracidium; **c)** Oncosphaera im Hüpferling (1. Zwischenwirt); **d)** Procercoid im Hüpferling (1. Zwischenwirt); **e)** Plerocercoid mit Sauggruben im Fisch (2. Zwischenwirt); **f)** erwachsener Bandwurm in fischfressendem Vogel (Endwirt).

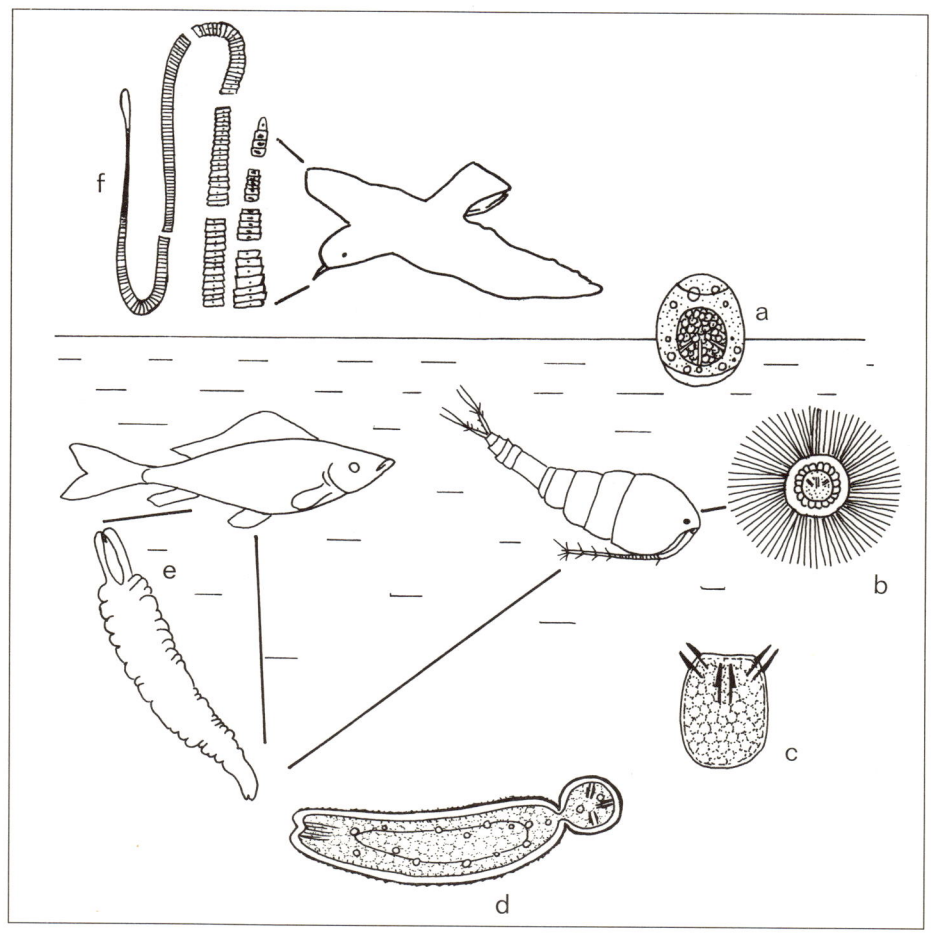

Bandwürmer *(Cestodes)*

Krankheitsursache: Erwachsene Tiere, die in Aquarienfischen schmarotzen, sind selten und spielen in der Praxis keine Rolle. Nur bei Diskus konnte in den letzten Jahren häufiger ein massiver Befall festgestellt werden. Es sei auf den Nelkenwurm (*Caryophyllaeus*) hingewiesen, dessen Larven in Tubifex leben und damit auch in unsere Aquarienfische gelangen können. Häufiger findet sich bei genauerer Untersuchung ein Befall mit Bandwurmlarven, der Sparganose genannt wird. Die erwachsenen Würmer (verschiedene Arten) leben in Wasservögeln. Mit deren Kot gelangen die Eier ins Wasser. Aus ihnen schlüpft eine bewimperte Larve (Coracidium), die von einem Hüpferling (*Cyclops, Diaptomus*) gefressen wird. Die äußere Hülle des Coracidiums wird verdaut, und eine zweite Larve (Oncosphaera) wird frei, die die Darmwand durchbricht und sich im Krebs in eine dritte Larve (Procercoid) verwandelt. Frißt ein Fisch den Hüpferling, wird der Procercoid frei, wandert durch die Darmschleimhaut in den Fischkörper und bildet sich in eine vierte Larve (Plerocercoid oder Sparganum) um. Frißt ein Vogel den Fisch, wird der Plerocercoid schließlich im Vogeldarm zum erwachsenen Wurm (Bild 11).

Krankheitsbild und Diagnose: *Caryophyllaeus* fällt als 0,8 – 1,4 cm langer Wurm mit einer kopfartigen Verdickung bei der Sektion des Darmes auf. Plerocercoide können überall im Körper als weißliche oder dunklere Knötchen auftauchen. Im Quetschpräparat lassen sich die Sauggruben oder Saugnäpfe des erwachsenen Wurmes erkennen. Bandwurmlarven finden sich häufig in Wildfängen. Eine Therapie wurde mit Droncit® von Bayer (s. S. 16) schon mehrmals erfolgreich durchgeführt. Eine Schädigung der Fische tritt nur bei starkem Befall ein.

Saugwürmer *(Trematoda)*

Monogenea

Monogenea sind zwittrige, meist flache Saugwürmer ohne Generationswechsel.

Krankheitsursache: Die bei Fischen vorkommenden Monogenea sind außen auf dem Wirt schmarotzende Würmer von 0,05 – 3 mm Größe. Sie halten sich auf der Haut oder den Kiemen mit besonderen Haftapparaten (Haken oder Saugnäpfen) fest. Wir unterscheiden demgemäß Haut- und Kiemenwürmer. Die vorkommenden Arten sind in ihrer Gestalt von einer außerordentlichen Vielfalt, so daß wir sie hier nicht im einzelnen beschreiben können.

Krankheitsbild und Diagnose: Es ist für uns nicht möglich, die Würmer nach Gattung oder gar Art zu bestimmen, aber die Diagnose auf Haut- oder Kiemenwürmer stellen wir mit Recht immer dann, wenn wir im Hautabstrich, auf den Flossen oder den Kiemen Würmer finden, die mit ihrem Hinterende mittels Haken oder Saugnäpfen festsitzen und ihr freies Vorderende hin und her bewegen. Wichtig für die Bekämpfung ist es noch, zu unterscheiden, ob es sich um einen eierlegenden oder lebendgebärenden Monogenen handelt. Die lebendgebärenden sind fast alle am Vorderende zweizipfelig. Sicherer ist es, zu sehen, ob in der Mitte des Wurmes ein Embryo sitzt, der an einem Hakenapparat gut erkennbar ist (Bild S. 36).

Die eierlegenden Würmer erkennt man an dem vierzipfeligen Vorderende und den dahinterliegenden vier schwarzen Pigmentflecken (Augenflecken). Eierlegende Kiemen- und Hautwürmer können zwei oder vier große Zentralhaken haben. Lebendgebärende Kiemen- und Hautwürmer haben immer nur zwei Zentralhaken (Bild S. 36 u.). Manchmal werden wir auch Eier finden; sie

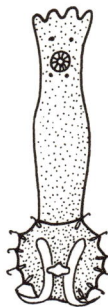

Bild 12: Haut- und Kiemenblattwurm *Dactylogyrus*.

tragen meistens (es gibt aber Ausnahmen) an einem oder beiden Enden lange Haftfäden (Bild 13). Bei vielen der in Aquarien vorkommenden Kiemen- und Hautwürmer sind die Eier rund und mit einem winzigen Rest eines Haftfadens versehen, den man nur bei genauer Betrachtung mit dem Mikroskop erkennen kann. Die meisten Eier bleiben deshalb nicht an den Kiemen hängen, sondern fallen auf den Bodengrund und entwickeln sich dort. Die aus den Eiern schlüpfenden Larven können schwimmen und so die Fische wieder befallen.

Befallene Fische fallen oft durch beschleunigte Atmung und einseitig abgespreizte oder angelegte Kiemendeckel auf. Schnellere Bewegung der Kiemendeckel kann aber auch andere Gründe haben.

Vorkommen: Hautwürmer können bei allen Fischen vorkommen. Kiemenwürmer fehlen bei sehr kleinen Fischen. Häufig sind die Parasiten recht wirtsspezifisch, d. h., sie vermehren sich nur an Fischarten, die verwandt sind. So können z. B. Labyrinther befallen sein, während die im gleichen Becken lebenden Cichliden nahezu parasitenfrei bleiben, oder umgekehrt. Diese Fische können jedoch immer als Überträgerwirte fungieren.

Besonders auffällig ist das Doppeltier *Diplozoon*. Hier leben, obwohl die Tiere Zwitter sind, immer zwei Tiere in dauernder Vereinigung zusammen. Sie bilden zusammen eine X-förmige Figur.

Besonders häufig befallen sind Cichliden, Kugelfische, manche Welse und von den Seewasserfischen vor allem die Chaetodonten. *Diplozoon* kommt, nicht sehr häufig, auf *Barbus*-Arten vor.

Kiemenwürmer sind mit die häufigste Todesursache bei Aquarienfischen.

Therapie: Kochsalz-Kurzbäder und Formolbäder (s. S. 54, 57) helfen nur vorübergehend. Trichlorfon enthaltende Medikamente

Bild 13: Eier von Kiemenwürmern; beim unteren ist der Haftfaden abgebrochen.

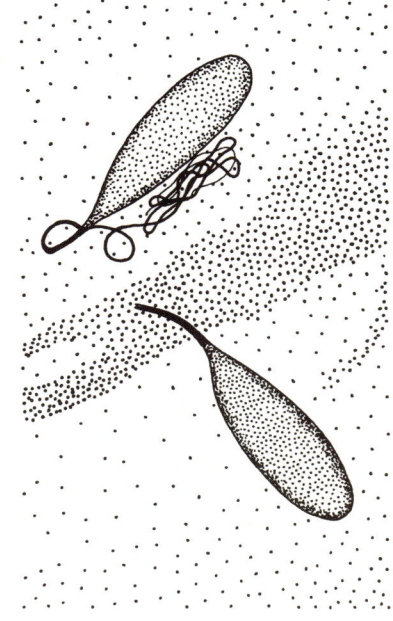

Saugwürmer

helfen zuverlässig bei lebendgebärenden Haut-und Kiemenwürmern (s. S. 58). Da die Eier der Würmer bei der Behandlung nicht absterben, sind die Fische nach kurzer Zeit wieder befallen. Man muß die Behand-lung mit Masoten daher mindestens zwei-mal im Abstand von fünf Tagen durchfüh-ren. Sicherer wirkt die dreimalige Gabe von Flubenol 5% im Abstand von 7 Tagen (siehe S. 54).

Saugwürmer

Digenea

Digenea sind zwittrige, meist flache Saugwürmer mit Generationswechsel.

Metacercarien-Krankheit

Krankheitsursache: Die digenen Saugwürmer haben einen komplizierten Generationswechsel, der bei den für unsere Fische gefährlichen Arten im allgemeinen wie folgt verläuft: Der erwachsene Wurm parasitiert in fischfressenden Vögeln. Mit dem Kot gelangen die Eier ins Wasser. Dort schlüpft eine mikroskopisch kleine bewimperte Larve (Miracidium), die in eine Schnecke eindringt. In deren Leber entwickelt sich das Miracidium zu einer zweiten Larvenform (Sporocyste). In der Sporocyste bilden sich viele Redien (erste Generation). In jeder Redie bilden sich wieder viele Cercarien (Larve des erwachsenen Wurms). Die Cercarien verlassen die Schnecke und bohren sich in die Haut eines Fisches ein; dabei verlieren sie ihren Schwanz. Im Gewebe des Fisches kapseln sie sich als Metacercarien ab. Frißt ein Vogel den Fisch, ist der Kreislauf vollendet; die Metacercarie wächst zum fertigen Wurm (zweite Generation) heran (Bild 14).

Krankheitsbild und Diagnose: Die Metacercarien bilden kleine, schwarze oder rötliche Knötchen unter der Haut, gelegentlich auch an anderen Organen, besonders auffällig im Auge. Die Metacercarien können zu Muskelzerstörungen und Lähmungen, im Auge zur Erblindung führen. Auch allgemeine Stoffwechselstörungen treten auf. Öffnen wir ein infiziertes Auge oder fertigen von befallener Haut oder Muskulatur Zupfpräparate an, so finden wir die runden bis ovalen Metacercarien, an denen sich Saugnäpfe und ein Y-förmiger Darm erkennen lassen.

Vorkommen und Prognose: Die Krankheit findet sich fast nur bei Importen. Eine Infektion des Fisches ist nur über Schnecken möglich. Schnecken aus freien Gewässern gehören nicht ins Aquarium, gleichgültig, ob sie aus mit Fischen besetztem Wasser stammen oder nicht. Vögel kommen überall hin! Im Aquarium aufgezogene Schnecken können nicht infiziert sein. Importierte Fische schaue man sich vor dem Kauf gut an. Eine Heilung ist nicht möglich.

Blutwurm (Sanguinicola)

Krankheitsursache: Der erwachsene Blutwurm lebt in den Blutgefäßen von Fischen. Seine Eier werden mit dem Blut verschleppt; gelangen sie in die Kiemen, bohrt sich eine bewimperte Larve (Miracidium) aus dem Ei und durch das Gewebe ins Freie. Die weitere Entwicklung verläuft wie unter »Metacercarienkrankheit« beschrieben, nur entwickelt sich die in den Fisch eindringende Cercarie schon in dessen Blutgefäßen zum erwachsenen Wurm.

Krankheitsbild und Diagnose: Der Wirt wird hauptsächlich durch die Eier geschädigt, die die Blutkapillaren verstopfen können. Das führt oft zu absterbenden Organbezirken, besonders in den Kiemen. Zur Diagnose müssen wir von Kiemen, Leber und Niere Zupf- und Quetschpräparate herstellen. In ihnen finden sich die typischen mützenförmigen Eier (Bild 15). Sie sind recht klein, etwa 70 µm im Durchmesser. Gelegentlich

Bild 14: Saugwurm mit Generationswechsel, Entwicklungszyklus: **a)** Ei; **b)** Miracidium; **c)** Sporocyste in Schnecke (Zwischenwirt); **d)** Redie in Schnecke (Zwischenwirt); **e)** Cercarie dringt in Fisch ein; **f)** Metacercarie in Fisch (Transportwirt); **g)** erwachsener Saugwurm in fischfressendem Vogel (Endwirt).

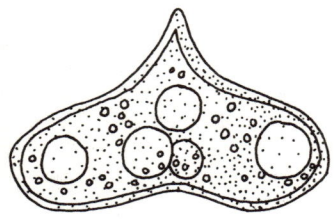

Bild 15: Blutwurm *Sanguinicola*, Ei.

finden sich abgestorbene, von Bindegewebe umgebene Eier.

Vorkommen und Prognose: Die Krankheit ist in Aquarien selten. Wird sie eingeschleppt, können die übrigen Fische nur dann infiziert werden, wenn Schnecken im Aquarium sind. Die Krankheit ist nicht heilbar.

Therapie: Keine. Wird die Krankheit festgestellt, sind alle Schnecken im Aquarium zu vernichten.

Durch einzellige Parasiten verursachte Krankheiten

Einzeller (Protista) sind Lebewesen, die nur aus einer Zelle bestehen.

Geißeltierchen *(Flagellata)*

Dies sind einzellige Tiere mit einer oder mehreren Geißeln als Fortbewegungsorgane.

Costia (Kleiner bohnenförmiger Hauttrüber, Bild 16)

Krankheitsursache: *Costia*, der kleine bohnenförmige Hauttrüber, ist ein winziges Geißeltierchen (10–15 µm lang), mit 2–4 Geißeln. Während der normalen Lebensphase hat der Parasit zwei Geißeln. Kurz vor der Vermehrung werden zuerst die Geißeln verdoppelt, dann beginnt die eigentliche Zellteilungsphase. Darum kann man immer Exemplare mit vier Geißeln finden. *Costia*

schmarotzt auf der Haut und gelegentlich auf den Kiemen von Fischen. Ohne Wirt geht er rasch zugrunde.

Krankheitsbild und Diagnose: Mit *Costia* befallene Fische zeigen eine feine, schleierartige Hauttrübung, die nicht so massiv ist wie bei anderen Hauttrübern. Da *Costia* aber oft mit anderen Hauttrübung verursachenden Parasiten vergesellschaftet vorkommt, können auch stärkere Beläge auftreten. Stark befallene Stellen können entzündet und dadurch gerötet sein. Befallene Fische zeigen oft schaukelnde Bewegung und scheuern sich an festen Gegenständen. Wie die meisten Hauttrüber ist *Costia* ein »Schwächeparasit«, d.h., er befällt nur irgendwie geschwächte Fische. Gesunde, kräftige Fische werden selten befallen, gefährdet sind vor allem Jungfische.

Zur Diagnose werden Haut- und Kiemenabstriche unter dem Mikroskop untersucht. Es

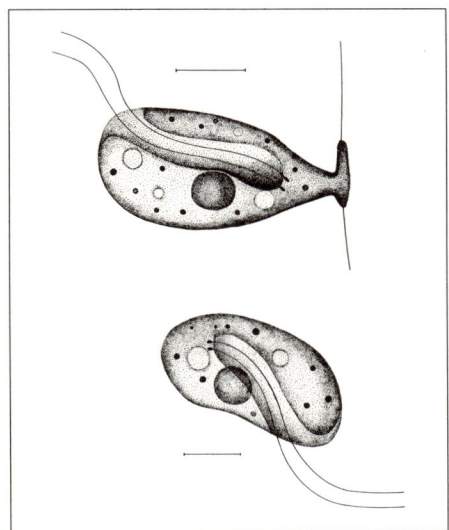

Bild 16: Kleiner bohnenförmiger Hauttrüber *Costia* (der Maßstab entspricht 3 µm).

sind jedoch höhere Vergrößerungen (mindestens 300fach) notwendig. Ohne spezielle Färbemethoden oder hohe mikroskopische Vergrößerungen wird der Laie meist nur kleine, sich rasch bewegende Lebewesen feststellen können. Da die anderen Hauttrüber auch schon bei mittlerer Vergrößerung gut erkennbar sind, läßt sich bei Vorliegen einer deutlichen Hauttrübung und dem Fehlen anderer Hauttrüber eine Wahrscheinlichkeitsdiagnose auf *Costia* stellen.

Vorkommen und Prognose: *Costia* ist im Aquarium bei der Aufzucht von Jungfischen eine häufige Ursache für Fehlschläge. Grund dafür ist meist ein zu hoher Besatz der Aufzuchtbecken. Ganz besonders neigen junge Killifische zu dieser Krankheit. Von erwachsenen Fischen sind, solange die Tiere kräftig und gesund sind, nur schleiertragende Formen gefährdet.

Therapie: Liegt ein reiner *Costia*-Befall vor und vertragen es die Fische, führt eine Temperatursteigerung auf 30–32 °C meist zum Erfolg. Von chemischen Bekämpfungsarten können Malachitgrün-Dauerbäder (s. S. 57) empfohlen werden. Auch Formol-Kurzbäder (s. S. 54) sind wirksam. Das Aquarium braucht dabei nicht behandelt zu werden, da alle Costia nach etwa 30 bis 40 Minuten abgestorben sind, wenn sich kein Fisch mehr im Becken befindet. Notfalls setzt man die Fische nach Abschluß der Formol-Behandlung in einen weiteren Behälter mit frischem Wasser ohne Medikament und bringt sie erst, nachdem eine Stunde vergangen ist, in das Aquarium zurück.

Cryptobia (Blutparasit, Bild 17)

Krankheitsursache: Die »Schlafkrankheit« der Fische wird von einem im Blut lebenden Geißeltierchen, *Cryptobia*, hervorgerufen. Durch Fischegel wird sie von einem Fisch zum anderen übertragen.

Bild 17: Erreger der Schlafkrankheit der Fische, *Cryptobia:* a) Blutkörperchen, b) *Cryptobia*.

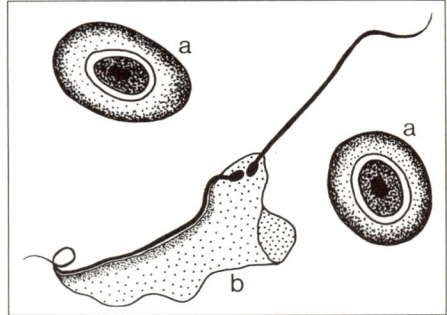

Geißeltierchen

Krankheitsbild und Diagnose: Befallene Fische werden ausgesprochen träge, sie lassen sich im extremen Fall ohne weiteres mit der Hand greifen, sie »schlafen«. Meist gehen Abmagerung, eingefallene Augen und anomale Schwimmhaltungen dazu parallel. Die Kiemen sind blaß. Im Blut finden sich längliche, zweigeißelige Cryptobien. Stärkere Vergrößerung (mindestens 300fach) ist notwendig.

Vorkommen und Prognose: Im Aquarium kann sich die Krankheit nicht ausbreiten, da wir dort keine Fischegel dulden. Befallen sind manchmal Goldfische und ziemlich häufig Wildfänge von ostafrikanischen Cichliden. Eine Therapie ist nicht bekannt.

Trypanosoma

Im Blut von Fischen können Geißeltierchen vorkommen, die den Cryptobien sehr ähneln, aber nur eine Geißel besitzen. Sie gehören zur Gattung *Trypanosoma*. Bisher ist keine *Trypanosoma*-Art bekanntgeworden, die Fische ernstlich schädigen kann. Ob eine gefährliche *Cryptobia* oder eine eingeißelige, harmlose *Trypanosoma* vorliegt, läßt sich nur bei sehr genauer Beobachtung unter einem guten Mikroskop unterscheiden.

Protoopalina (Diskusparasit)

Krankheitsursache: Dieses im Darm von Diskusfischen lebende Geißeltier erhielt den wissenschaftlichen Namen *Protoopalina symphysodonis*. Es erreicht eine Länge von über 100 Mikrometern und gehört damit zu den größten bekannten Flagellaten. Die Zelloberfläche ist mit unzähligen beweglichen Geißeln besetzt, die diesen Einzeller den Wimpertierchen ähnlicher erscheinen läßt als den Flagellaten. Das vordere Ende der Zelle ist gerundet und gegen die Körperachse leicht abgewinkelt, während das hintere in eine stachelförmige Spitze ausläuft. Mit diesem Stachel kann sich der Flagellat an der Darmwand und festen Teilen des Darminhalts anheften. In der vorderen Hälfte der Zelle sind mit einem guten Mikroskop zwei gleich große kugelförmige Zellkerne zu erkennen, wenn man das Präparat leicht mit verdünnter Methylenblaulösung anfärbt. Der Erreger ist sehr beweglich und dreht sich beim Schwimmen ständig um die eigene Achse (Bild S. 37 oben).

Krankheitsbild und Diagnose: Wieweit dieser Erreger die Fische zu schädigen vermag, ist noch nicht vollständig geklärt. Er ist nur gering pathogen, denn selbst bei einem Massenauftreten scheinen die Fische in ihrem Verhalten kaum gestört zu sein. Mit der Zeit ist jedoch bei Jungfischen ein Zurückbleiben im Wachstum erkennbar, das durch den Entzug gewisser Nährstoffe durch die Erreger verursacht wird. Es ist daher nicht gesichert, ob der Diskusparasit ein echter Parasit ist. Manchmal läßt sich der Schmarotzer in frisch abgesetztem Kot mit dem Mikroskop nachweisen. Eine sichere Diagnose ist in den meisten Fällen nur am getöteten Tier im Darminhalt möglich.

Vorkommen: Der Diskusparasit konnte bisher nur im Darm von Diskusfischen und ganz selten bei Skalaren gefunden werden. Die Krankheit scheint nur langsam von einem Fisch auf andere überzugehen.

Therapie: Die Behandlung mit Metronidazol (s. S. 57) hat sich in den meisten Fällen als erfolgreich erwiesen.

Hexamita (Bild 18)

Krankheitsursache und Diagnose: *Hexamita* (alter Name *Octomitus*) ist ein winziges, etwa 7–13 µm langes Geißeltierchen. Es

Geißeltierchen

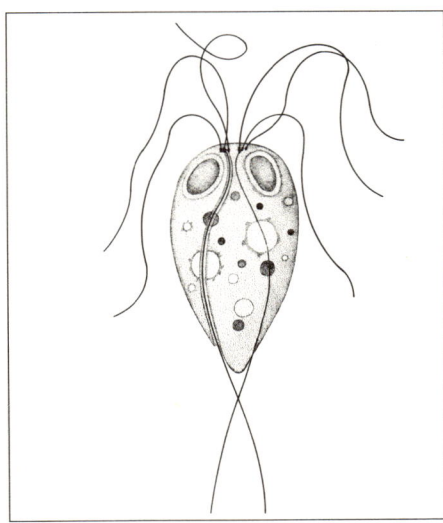

Bild 18: *Hexamita.*

bewegt sich taumelnd mit 6 vorderen und 2 hinteren Geißeln. *Hexamita* befällt den Darm, gelegentlich die Gallenblase. Die Gallenblase ist bei stark infizierten Tieren vergrößert. Im Zupfpräparat sind die Parasiten leicht zu erkennen.

Vorkommen und Prognose: *Hexamita* ist bei Zierfischen selten (vgl. aber *Spironucleus*).

Therapie: Metronidazolhaltige Präparate (s. S. 57).

Spironucleus (früher *Hexamita*)

Im Darm von größeren Cichliden findet sich ein Geißeltierchen von 8–13 µm Länge oft zu Millionen (Bild 19 und S. 37 unten). Im Darm ist dieser Parasit meist relativ harmlos. Er kann aber den Darm verlassen und in andere Organe einwandern. Dann tritt häufig der Tod ein.

Krankheitsbild und Diagnose: Befallene Fische zeigen oft einen weißen und fädigen Kot, der lange am Fisch hängenbleibt. Eine exakte Diagnose ist möglich, wenn man frisch (!) abgesetzten Kot (oder den Darminhalt eines getöteten Tieres) unter dem Mikroskop untersucht. Die schnell durcheinanderwimmelnden Geißeltierchen fallen sofort auf.

Vorkommen und Prognose: Die Krankheit ist häufig bei Skalaren, die aber nicht weiter zu leiden scheinen, während Diskus und Uaru leicht an *Spironucleus*-Infektionen eingehen. Für afrikanische Cichliden endet diese Krankheit meist rasch tödlich, wenn nicht frühzeitig behandelt wird. Ob die sogenannte Lochkrankheit der Cichliden, bei der am Kopf kleinere bis größere Löcher auftreten, auf *Spironucleus*-Infektionen zurückgeht, ist zweifelhaft. Häufig kommt die Krankheit

Bild 19: *Spironucleus.*

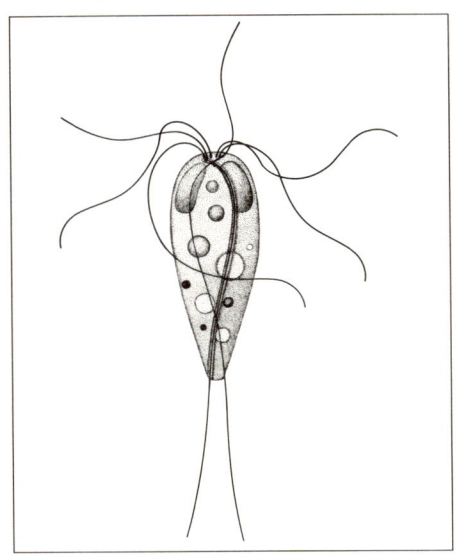

29

aber zusammen mit diesen Flagellaten vor. Die Parasiten sind gut bekämpfbar; sind die inneren Organe, besonders aber die Niere, erst einmal stark geschädigt, kommt die Behandlung zu spät.

Therapie: Präparate, die Metronidazol enthalten, sind gut wirksam (s. S. 57). Metronidazol ist in Tabletten der Humanmedizin enthalten (Apotheker fragen). Verschiedene Medikamente gegen Flagellatenerkrankungen gibt es in aquaristischen Fachgeschäften. Präparate auf Antibiotika- oder Quecksilberbasis sind weniger zu empfehlen.

Trichomonaden

Krankheitsursache: Unter dem Begriff werden mehrere Gattungen zusammengefaßt, deren Unterscheidung für uns unerheblich ist. Trichomonaden haben 4 bis 6 Geißeln,

Bild 20: Trichomonade.

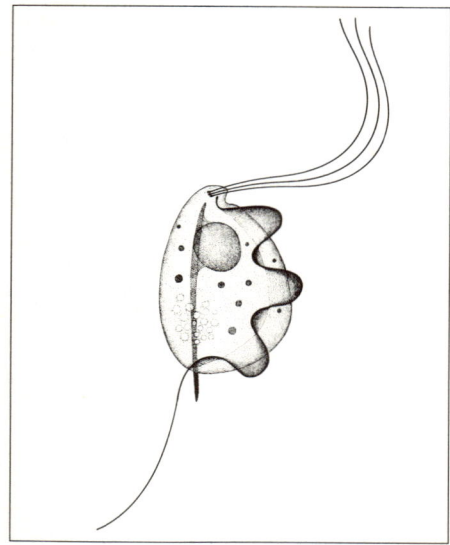

die am vorderen Ende entspringen. Eine davon ist durch eine undulierende Membran mit der Zelloberfläche verbunden und wird in Wellenlinien nach hinten geleitet, wo sie als Schleppgeißel weit über das hintere Ende hinausragt. Ein meist kräftiger Achsenstab reicht von dem im vorderen Teil der Zelle gelegenen Zellkern bis zum hinteren Ende und ragt dort noch aus der Zelle heraus (Bild 20). Trichomonaden erreichen Größen zwischen 10 und 24 Mikrometern. Die Größe ist nicht nur artspezifisch, sie variiert auch mit der Menge der aufgenommenen Nahrung.

Krankheitsbild und Diagnose: Obwohl Trichomonaden mitunter in großen Mengen auftreten, schaden sie den Fischen nur wenig. Die Erreger können sich in geschwächten oder unter Streß stehenden Fischen stark vermehren. Da meist Mischinfektionen mit anderen Erregern vorliegen, können eventuell auftretende Schwächezustände, Abmagerung und das Dunkelfärben der Cichliden nicht eindeutig einem Trichomonadenbefall zugeschrieben werden.

Vorkommen: Trichomonaden können im Darm aller im Aquarium gehaltenen Fischarten auftreten. Cichliden scheinen bevorzugt befallen zu werden.

Therapie: Metronidazolhaltige Präparate (s. S. 57).

Bodomonas (Bild 21)

Krankheitsursache: Zweigeißelige Flagellaten der Gattung *Bodomonas* werden sehr häufig im Darm von Diskusfischen und Skalaren gefunden. Sie erreichen Größen zwischen 12 und 18 Mikrometern. Am Vorderende entspringen zwei Geißeln; die eine dient als Schlaggeißel der Fortbewegung, die andere wird an der Zelloberfläche nach hinten geführt und ragt als Schleppgeißel weit über

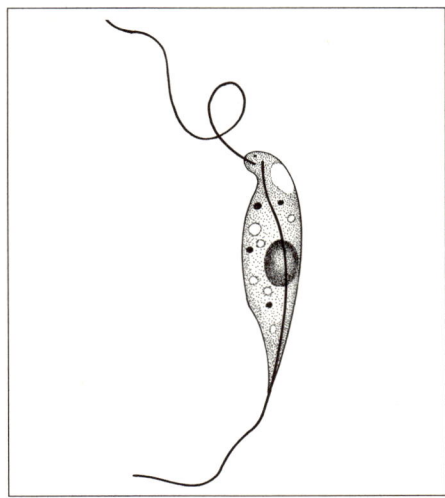

Bild 21: *Bodomonas.*

das Zellende hinaus. Sie ist nicht durch eine undulierende Membran mit der Zelle verbunden. Die Flagellaten bewegen sich schnell in schlängelnden Bewegungen fort. Zur Vermehrung dringen sie in Zellen der Darmschleimhaut ein und vollziehen dort den Teilungsprozeß.

Krankheitsbild und Diagnose: Bei geringem Befall merkt man den Fischen nichts an. In geschwächten und unter Streß stehenden Tieren vermehren sich die Erreger besonders schnell. Bei starkem Befall produzieren die Fische einen weißen schleimigen Kot, werden mager und sondern sich ab. Diskusfische färben sich dunkel und bekommen den charakteristischen Messerrücken. Die Cichliden aus den afrikanischen Hartwasserseen reagieren besonders empfindlich auf den Befall. Schon wenige Tage nach der Infektion werden sie apathisch, bekommen einen aufgetriebenen Leib und geben weißen schleimigen Kot ab. Wird nichts un-

ternommen, sterben sie bald. Im Kot können die schnell schwimmenden Erreger schon bei 100facher Vergrößerung festgestellt werden. Sicherer zum Nachweis sind Darminhaltspräparate.

Vorkommen: Es scheinen bevorzugt Cichliden betroffen zu sein, aber auch viele andere Aquarienfische können befallen werden.

Therapie: Metronidazolhaltige Präparate können eingesetzt werden. Da jedoch die in Zellen abgekapselten Exemplare nicht abgetötet werden, ist eine mindestens einmalige Wiederholung der Behandlung nach spätestens fünf Tagen notwendig.

Cryptobia (Darmparasit, Bild 22)

Krankheitsursache: Flagellaten der Gattung *Cryptobia* sehen den zuvor genannten sehr ähnlich. Sie unterscheiden sich von *Bodomonas* durch ihre größere Zellänge und dadurch, daß die Schleppgeißel durch eine undulierende Membran mit der Zelloberfläche verbunden ist. Verschiedene Arten treten als Darm-, Kiemen- oder Blutparasiten auf (siehe S. 27). Sie werden zwischen 16 und 26 Mikrometer groß und bewegen sich schnell schlängelnd fort. Die Flagellaten verkapseln sich in den Zellen der Darmschleimhaut zur Vermehrung.

Krankheitsbild und Diagnose: Ein geringer Befall des Darmes wird problemlos vertragen, bei Massenbefall scheiden die Fische weißen schleimigen Kot aus, magern ab und färben sich dunkel. Streß und schlechte Umweltbedingungen fördern die Vermehrung der Erreger. Wie bei *Bodomonas* reagieren die Cichliden aus den afrikanischen Hartwasserseen viel empfindlicher auf den Befall als andere Fische. Es stellen sich die gleichen Symptome ein wie bei einem Befall von *Bodomonas.* Die sich schnell schlängelnd fortbewegenden Erreger können bei geringer

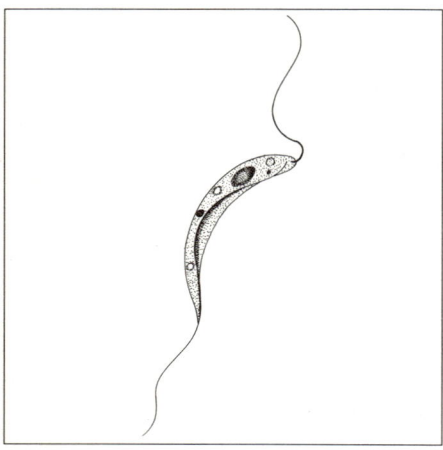

Bild 22: Der Darmparasit *Cryptobia*.

Vergrößerung im Kot oder Darminhaltspräparat festgestellt werden.

Cryptobia branchialis befällt die Kiemen der Fische und ist mittels einer Kiemenspülung nachzuweisen (s. S. 11). Die Erreger sind auch bei hoher Vergrößerung nicht von den im Darm vorkommenden *Cryptobia* zu unterscheiden.

Vorkommen: Cichliden werden leichter befallen als andere Fische. Bei vielen Aquarienfischarten wurden Cryptobien schon nachgewiesen.

Therapie: Metronidazolhaltige Präparate helfen nur bei einem ansonsten guten Gesundheitszustand der Fische und optimalen Umweltbedingungen. Die Behandlung muß mindestens einmal nach spätestens 5 Tagen wiederholt werden.

Oodinium (S. 55 oben)

Krankheitsursache: Verschiedene Arten von *Oodinium* verursachen einander ähnliche Krankheitsbilder. Alle befallen die Oberhaut und die Kiemen, vermögen aber auch tiefer in das Wirtsgewebe einzudringen. *Oodinium* kann auch im Darm auf der Schleimhaut schmarotzen. Der erwachsene Parasit ist geißellos und so nicht als Geißeltierchen erkennbar.

Reif geworden, fällt *Oodinium* vom Fisch ab und bildet am Boden um sich eine Kapsel, in der eine Teilung stattfindet. Jede Tochterzelle bildet eine neue Kapsel, in der sie sich weiter teilt. Dieser Vorgang wiederholt sich mehrmals, bis bei einer letzten Teilung begeißelte Schwärmer gebildet werden, die erneut Fische befallen können (Bild 23).

Krankheitsbild und Diagnose: Befallene Tiere zeigen einen weißen bis dunklen Belag. Das Erscheinungsbild kann sehr stark an *Ichthyophthirius*-Befall erinnern, nur sind die einzelnen als Pünktchen unter der Lupe erkennbaren Parasiten viel kleiner (20–70 µm). Auch auf den Kiemen kann man die Parasiten als winzige weiße Tupfen sehen. Unter dem Mikroskop erscheint *Oodinium* als kugel- bis urnenförmiges Gebilde, meist mit stark lichtbrechenden Körnchen gefüllt. Eventuell ist auch ein Darmausstrich auf Parasiten zu prüfen. Im Benehmen der Fische deuten Scheuerbewegungen und, bei starkem Kiemenbefall, Atemnot mit Luftschnappen auf *Oodinium* hin.

Vorkommen und Prognose: *Oodinium ocellatum* verursacht die »Korallenfischkrankheit« in Seewasserbecken. *Oodinium pillularis* und *Oodinium limneticum* (letzteres bisher nur aus amerikanischen Aquarien bekannt) rufen die Samtkrankheit hervor und befallen die meisten unserer Süßwasser-Aquarienfische. Der Name »Colisa-Parasit« nach dem ersten Vorkommen sollte daher vermieden werden. Die Krankheit wird oft mit *Ichthyophthirius* verwechselt. Eine Heilung ist möglich, solange die Krankheit nicht zu

Sporentierchen

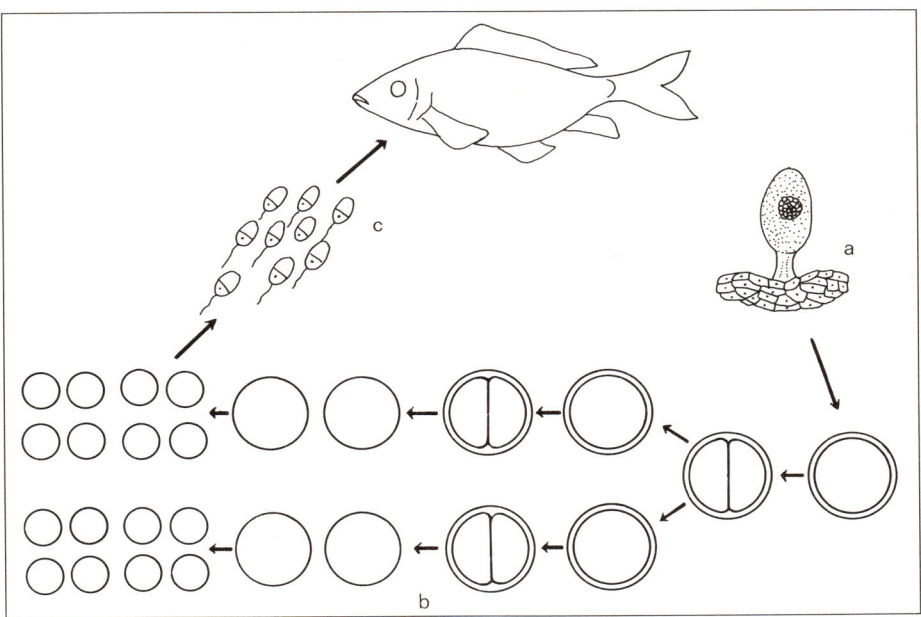

Bild 23: *Oodinium*-Entwicklungszyklus: **a)** Parasit auf Fischhaut; **b)** Encystierung und wiederholte Teilung des vom Wirt abgefallenen Parasiten; **c)** begeißelte Schwärmer befallen den Fisch.

weit fortgeschritten ist. Mit Rückfällen muß aber immer gerechnet werden. Bleibt sie unbehandelt, schleppt sich die Krankheit oft lange hin und endet meist tödlich.

Therapie: *Oodinium* wird am sichersten durch Kupfersulfat-Dauerbäder bekämpft (s. S. 57). Kupfersulfat darf nur bei einer Gesamthärte von mindestens 10 °dH angewendet werden. Da jedoch besonders in basischem Wasser (zum Beispiel Seewasser) der Kupfergehalt rasch abnimmt, sollte am 3. und 5. Tag die halbe Dosis nachgegeben

werden. (Wegen der Gefahr einer möglichen Überdosierung den Kupfergehalt mit Tests aus dem Zoofachhandel kontrollieren!) Stehen die Fische schlecht, müssen sie sofort in Frischwasser gesetzt werden. Oft helfen auch Chloromycetin- oder Chininbäder. Statt Kupfer- können Zinkbäder verwendet werden.

Sporentierchen *(Sporozoa)*

Die Sporentierchen sind alle Parasiten, und fast alle haben Sporen als Dauer- und Infektionsstadien. Als Parasiten in freilebenden Fischen sind eine Unzahl von Sporozoen bekanntgeworden, aber nur wenige wurden bisher in Aquarien nachgewiesen, was nicht heißen muß, daß sie dort nicht vorkommen.

Pleistophora hyphessobryconis

Krankheitsursache: Der Erreger der »Neonkrankheit« *Pleistophora hyphessobryconis* lebt in der Muskulatur der Fische und bringt sie zur Degeneration, ja zur Auflösung. Der Parasit bildet etwa 30 µm große, kugelige Zysten (Pansporoblasten), die oft zu mehreren (bis zu 30) zusammenliegen. In den Pansporoblasten bilden sich ca. 5 µm große Sporen. Platzt der Pansporoblast, werden die Sporen frei und durch die Haut ins Wasser abgestoßen. Nimmt ein Fisch eine solche Spore mit der Nahrung auf, schlüpft im Darm ein amöbenähnlicher Keim. Er dringt durch die Darmwand bis in die Muskulatur vor und bildet dort neue Pansporoblasten. Der Muskel wird dabei abgebaut.

Krankheitsbild und Diagnose: Die zerstörten Muskeln schimmern weißlich durch die Haut. Am deutlichsten ist das Bild beim Neon, bei dem das leuchtend grüne und auch das rote Band dadurch unterbrochen werden kann. Aber auch bei anderen Fischen fallen die milchigweißen Stellen, die unter der Haut liegen, auf. Zur endgültigen Diagnose wird etwas befallene Muskulatur zerzupft und unter dem Mikroskop untersucht. Die kugeligen, ziemlich stark lichtbrechenden (also dunkel erscheinenden) Pansporoblasten fallen bei ca. 150facher Vergrößerung sofort auf (Bild 24).

Vorkommen und Diagnose: Entgegen dem Namen »Neonkrankheit« beschränkt sich *Pleistophora* nicht auf *Hyphessobrycon innesi*, sondern kann die meisten Salmler befallen. Auch bei *Brachydanio rerio* wurde die Krankheit gefunden. Wahrscheinlich können noch andere Fische daran erkranken. Der Rote Neon (*Cheirodon axelrodi*) wird nicht befallen.

Therapie und Prophylaxe: Eine medikamentöse Behandlung ist nicht bekannt. Alle Behauptungen, die Krankheit heilen zu können, erwiesen sich bisher als falsch. Man kann aber in einem erkrankten Bestand die Neuinfektion verhindern, wenn man die Tiere über einer sehr fein und dicht gelochten Bodenplatte oder einem Netz hält. Unter Bodenplatte oder Netz wird mit einem starken Kreiselpumpenfilter abgesaugt und das Wasser über eine sehr dichte Lage (fest einpressen) von Perlonwatte gezogen. Sicherer ist es, das Wasser über einen Diatomeenfilter zu reinigen, da in einem solchen auch Partikel von Bakteriengröße zurückgehalten werden. Die

Bild 24: *Pleistophora hyphessobryconis*, Pansporoblasten im Muskelzupfpräparat.

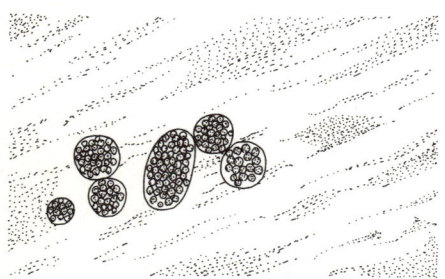

Oben: Ei von *Capillaria sp.*, Lebendpräparat, Vergr.: 1400 x.
Unten: Nematode aus der Ordnung Oxyurida, weiblich, Lebendpräparat, Vergr.: 80 x.

Seite 36 oben: Kiemenwurm der Gattung *Gyrodactylidea*, Lebendpräparat, Vergr.: 320 x.
Seite 36 unten: Hakenapparat von *Dactylogyridae*, Lebendpräparat, Vergr.: 800 x.

Seite 37 oben: *Protoopalina*, der Diskusparasit, gefärbt mit Methylenblau, Vergr.: 700 x.
Seite 37 unten: *Spironucleus* aus dem Darm, Lebendpräparat, Vergr.: 2800 x.

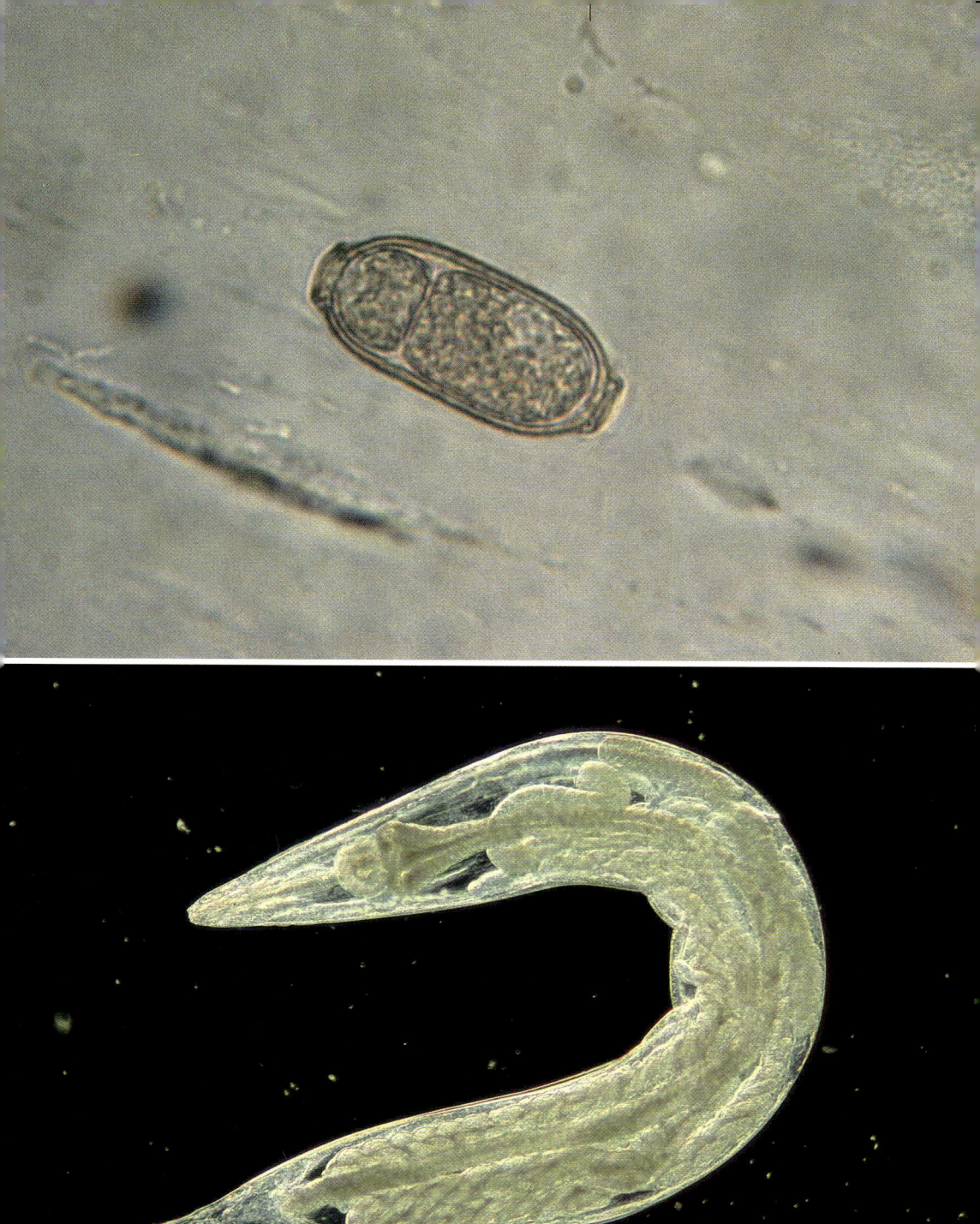

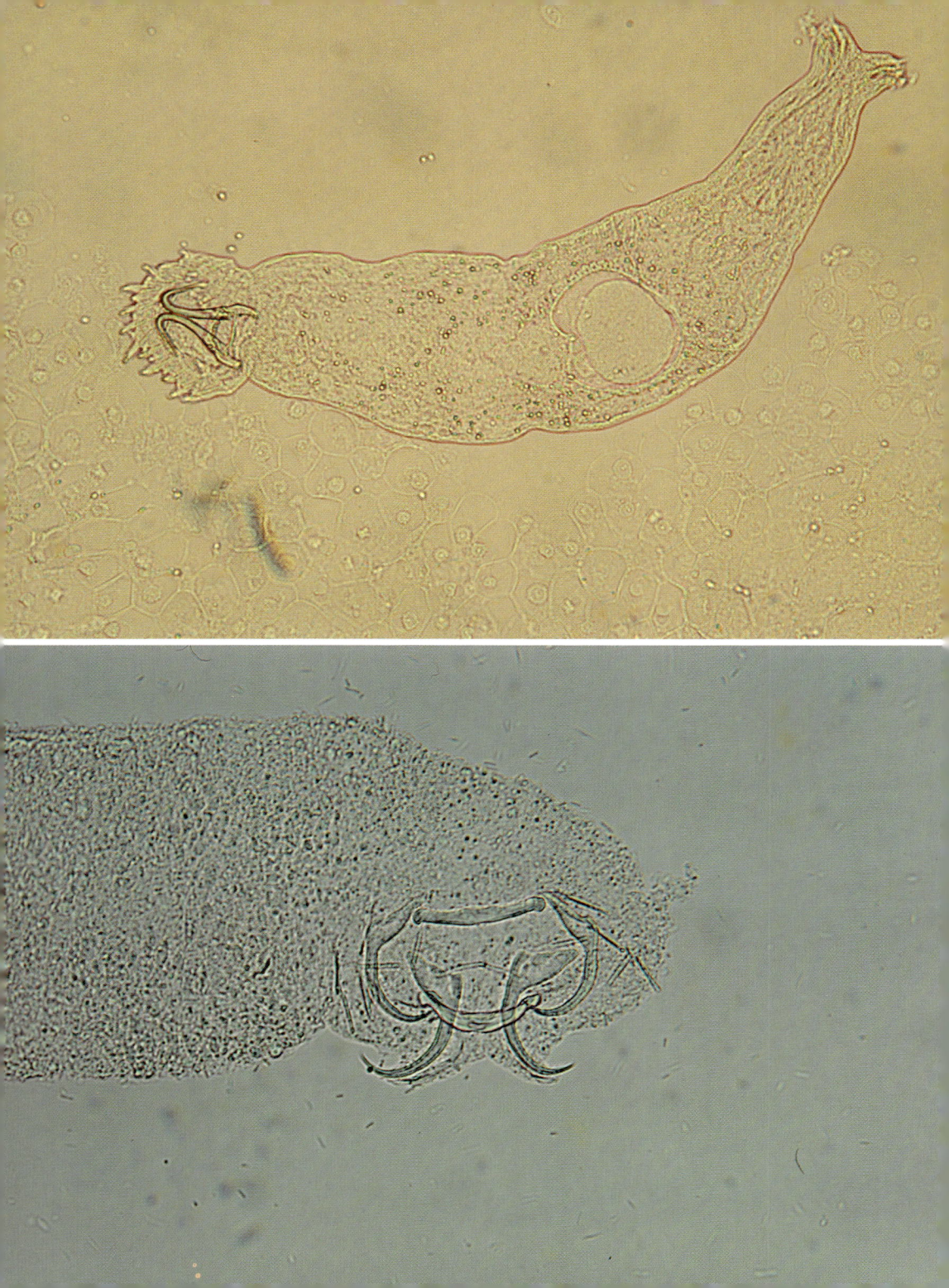

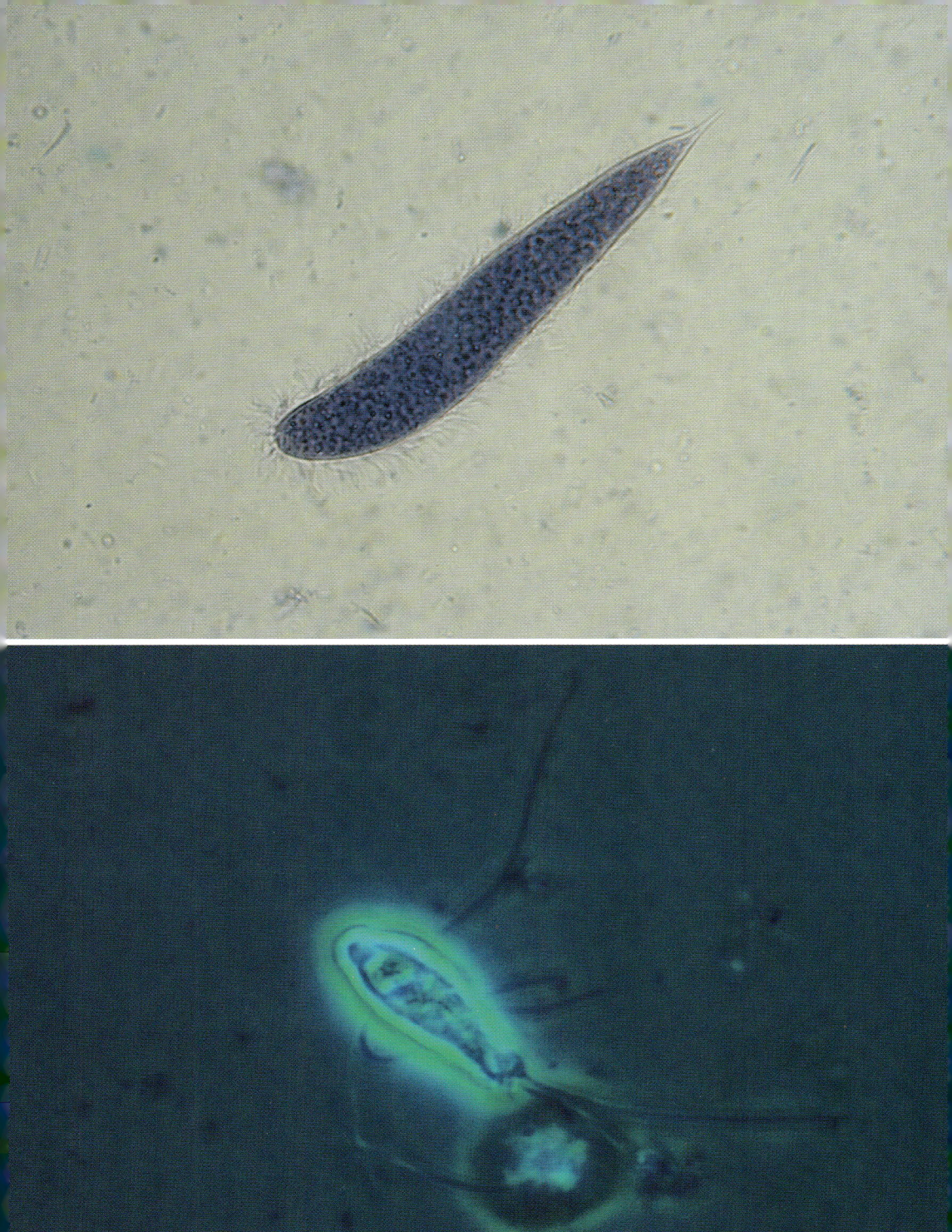

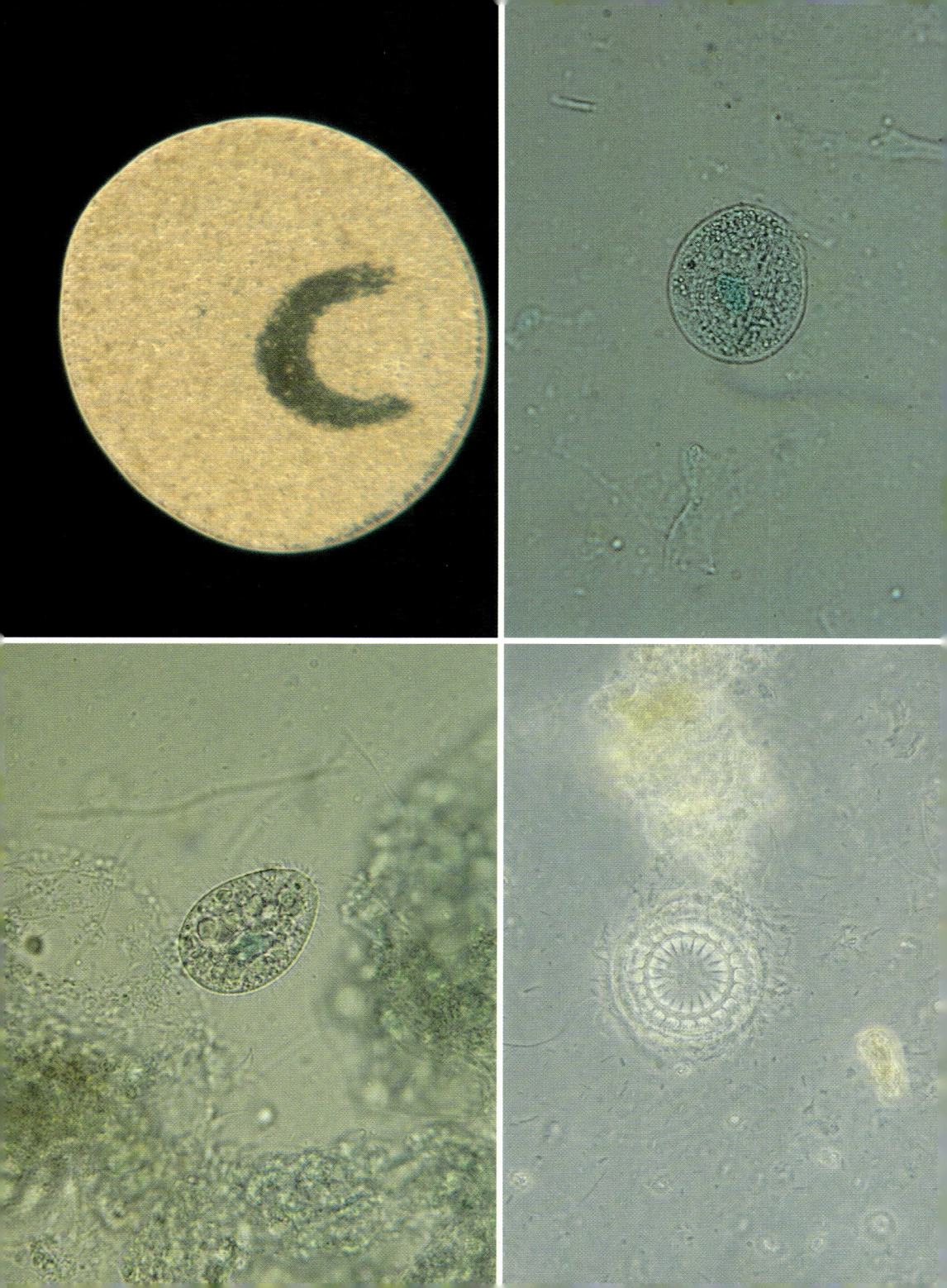

Wimpertierchen

Fische können sich dann nicht neu infizieren, stark befallene Exemplare sterben (sofort entfernen), die anderen heilen aus.

Knötchenbildende Sporentierchen

Krankheitsursache: Verschiedene Sporentierchen bilden in den inneren Organen, auf den Kiemen oder der Haut von Fischen kleine Knötchen, in denen Unmassen von Sporen enthalten sind, die andere Fische infizieren können. Bei freilebenden Fischen sind sehr viele verschiedene Parasiten dieser Art bekannt. Bei Süßwasser-Aquarienfischen wurden bisher nur gelegentlich, hauptsächlich bei Wildfängen, solche Sporentierchen gefunden. In Seewasserbecken fehlt uns noch die Erfahrung.

Krankheitsbild und Diagnose: Das Krankheitsbild wechselt sehr stark, je nach den befallenen Organen. Die Knötchen können mikroskopisch klein bis stecknadelkopfgroß sein. Zerquetscht man sie, lassen sich unter dem Mikroskop die Sporen als einzelne nicht verbundene Zellen erkennen. Allerdings sind dazu hohe Vergrößerungen notwendig. In vielen Sporen fallen 1–4 stark lichtbrechende Körper, die Polkapseln, auf. Manche Arten können Knoten an den Flossen bilden, die mit *Lymphocystis* verwechselt werden können. Bei einer *Lymphocystis*-Infektion können aber keine Sporen nachgewiesen werden.

Oben links: *Ichthyophthirius*, Lebendpräparat, Größe: 1 bis 1,5 mm.
Oben rechts: *Chilodonella*, gefärbt mit Methylgrün, Vergr.: 450 x.
Unten links: *Tetrahymena*, gefärbt mit Methylgrün, Vergr.: 450 x.
Unten rechts: Hautabstrichpräparat mit *Trichodina*, Vergr.: 450 x.

Vorkommen und Prognose: Sporentierchen können bei allen Zierfischarten vorkommen. Infektionen werden meist mit Wildfängen oder Importen aus ostasiatischen Züchtereien eingeschleppt. Außer *Pleistophora* halten sich aber die Infektionen meist nicht in unseren Aquarien.

Therapie und Prophylaxe: Bei Befall innerer Organe und der Kiemen ist keine Therapie möglich. Erkrankte Fische müssen entfernt werden. Nur an den Flossenrändern liegende Knoten können abgeschnitten werden. Doch lohnt es sich nur bei sehr wertvollen Stücken. Die Gefahr, daß kleinste Knötchen übersehen werden, ist groß. Besser ist es auch hier, befallene Tiere abzutöten. Die Aquarien sind zu desinfizieren!

Wimpertierchen *(Ciliata)*

Die Wimpertierchen, von denen uns das Pantoffeltierchen als Jungfischfutter vertraut ist, sind Einzeller, deren Oberfläche ganz oder teilweise mit Wimpern besetzt ist. Typisch an ihnen ist ein großer vegetativer Kern (Makronucleus) und ein kleiner generativer, für die sexuelle Fortpflanzung verantwortlicher (Mikronucleus).

Ichthyophthirius multifiliis (Bild 25)

Krankheitsursache: *Ichthyophthirius* ist ein großes, dem bloßen Auge auffallendes Wimpertierchen. Die Größe (bis 1 mm) schwankt mit der Größe der befallenen Fische und den äußeren Umständen. Die Gestalt ist kugelig, die Bewimperung gleichmäßig über die Oberfläche verteilt. Der große, hufeisenförmige Makronucleus ist gewöhnlich gut zu erkennen. Charakteristisch ist die dauernde drehende Bewegung. (S. 38 oben links) Der ausgereifte Parasit fällt vom Wirt ab und

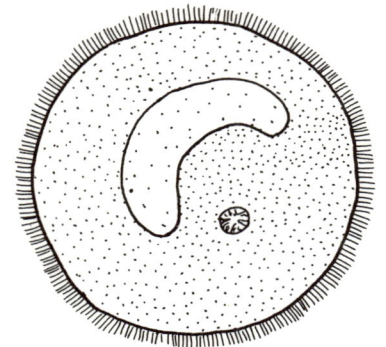

Bild 25: *Ichthyophthirius multifiliis* mit Hufeisenkern.

bildet eine Kapsel, die sich an Pflanzen oder Steine heftet. Kapseln, die sich aus irgendeinem Grund nicht festheften können (z. B. durch stark bewegtes Wasser), entwickeln sich meist nicht weiter. In der Kapsel beginnt der Parasit sich zu teilen, bis schließlich 250 bis 1000 kleine, birnenförmige, etwa 30 µm große, bewimperte Schwärmer entstanden sind. Die Kapsel platzt, und die Schwärmer schwimmen davon, um sich wieder an einem Fisch festzuheften. Das kann überall auf der Körperoberfläche geschehen, doch werden Schwanzflosse, Rückenflosse und Kiemen bevorzugt. Der Schwärmer bohrt sich in die Haut ein und kann in ihr weiterwandern. Der Fisch schiebt neues Hautgewebe über den Parasiten, dadurch liegt *Ichthyophthirius* in der Haut, nicht auf der Haut. So geschützt, wächst der Schwärmer zum erwachsenen Tier heran. Wird ein Parasit vor der endgültigen Reife vom Wirt abgestreift oder verliert sonstwie seinen Fisch, kann er sich ohne Abkapselung in eine geringere Anzahl von Schwärmern teilen (Bild 26).

Immer wieder wird die Frage aufgeworfen, ob nicht außer den beschriebenen Formen noch Dauerstadien vorhanden seien, die lange Zeit chemisch unangreifbar in Ruhe verharren können, bis dann plötzlich wieder Schwärmer frei werden. So möchte man das plötzliche Auftreten von *Ichthyophthirius*-Befall erklären, wenn keine Einschleppung möglich erscheint. Obwohl inzwischen solche Dauerstadien nachgewiesen sind, ist es wahrscheinlicher, daß in solchen Fällen einzelne Schmarotzer unbemerkt an Fischen parasitiert haben. Bei Schwächung der Fische durch irgendwelche Umstände tritt dann plötzlich eine Massenvermehrung ein. Für die Bekämpfung ist es wichtig, über die Dauer der einzelnen Entwicklungsschritte Bescheid zu wissen. Vom Festsetzen der Schwärmer bis zum Abfallen der reifen Parasiten vergehen bei 10 °C 4 Wochen und mehr, bei 27 °C dauert es nur 4–5 Tage, wenn der Fisch schon geschwächt ist. Der Parasit kapselt sich etwa innerhalb einer Stunde nach dem Abfallen ab. Die Schwärmer schlüpfen bei 27 °C in etwa 18–20 Stunden, bei höherer Temperatur kann die Entwicklungsdauer auf 8–9 Stunden zurückgehen. $\frac{1}{2}$ Stunde nach dem Schlüpfen sind die Schwärmer infektionstüchtig. Sie können bis zu 48 Stunden ohne Wirt leben, nach 55 Stunden sind alle tot.

Allerdings wurden in letzter Zeit Beobachtungen gemacht, daß die Schwärmer unter bestimmten Bedingungen einen Geschlechtsprozeß (Konjugation) durchmachen können. Diese Schwärmer stammen nicht aus einer normalen Vermehrungszyste, sondern haben schon kurze Zeit an einem Fisch parasitiert. Stirbt der Fisch, so lösen sich diese Schwärmer, schwimmen im Wasser umher und suchen einen gleich großen Partner. Haben sie diesen gefunden, kommt es zur Konjugation. Danach trennen sich die Partner, bilden eine feste Hülle aus und gehen in ein

Wimpertierchen

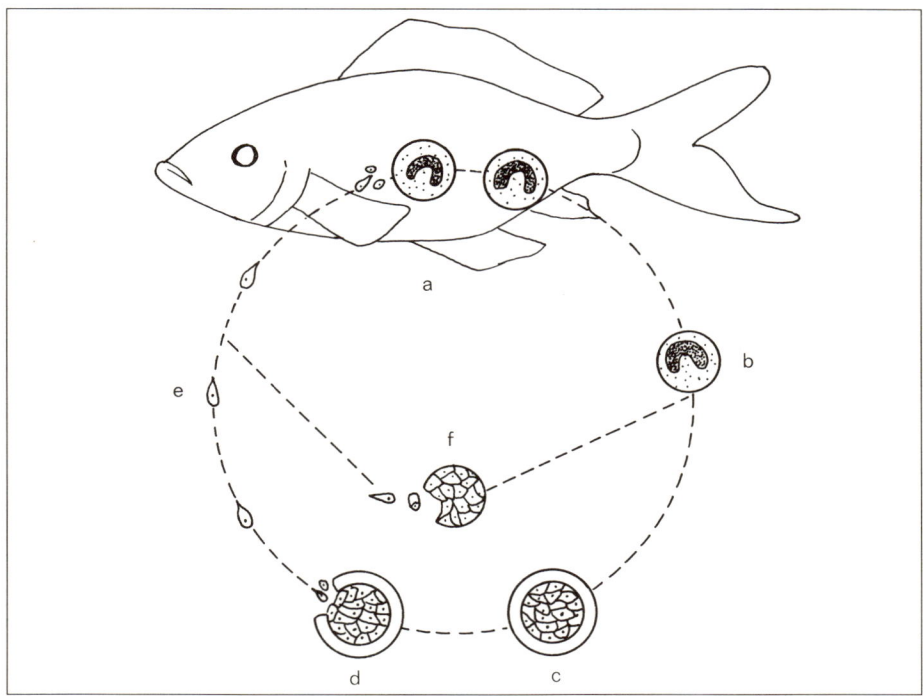

Bild 26: *Ichthyophthirius multifiliis,* Entwicklungszyklus: **a)** Fisch mit Parasiten; **b)** abgefallener Parasit; **c)** am Boden abgekapselter Parasit, der Schwärmer bildet; **d)** schlüpfende Schwärmer; **e)** freie Schwärmer befallen den Fisch; **f)** unreif abgestreifter Parasit bildet Schwärmer ohne Abkapselung.

Ruhestadium über. In unregelmäßigen Zeitabständen beginnt im Inneren der ruhenden Zysten eine Teilung. Kurz darauf brechen die Zystenhüllen auf und entlassen wenige Schwärmer, die erneut die Fische befallen können. In Kulturen konnten die Dauerzysten mehrere Monate lang gehalten werden, bis die letzte sich entwickelt hatte.

Krankheitsbild und Diagnose: Befallene Fische zeigen grießkornartige, weiße Punkte, die zu Feldern werden können, wenn die Parasiten eng beieinanderstehen. Die Punkte sind gut mit bloßem Auge zu sehen, schon mit einer starken Lupe läßt sich die kreisende Bewegung erkennen.

Infizierte Fische klemmen die Flossen und versuchen durch lebhaft scheuernde Bewegungen, oft in Seitenlage über dem Boden schwimmend, die Parasiten loszuwerden. Sind sie besonders an den Kiemen stark befallen, werden die Fische rasch apathisch, der Fluchtreflex fehlt, schließlich sterben sie. Zur Sicherung der Diagnose empfiehlt es sich, Haut- und Kiemenabstriche zu untersuchen. Auch vom getöteten Fisch abgeschnittene Flossenstückchen ergeben unter dem Mikroskop klare Bilder. Der Nachweis gelingt bis einige Stunden nach dem Tod.

Vorkommen und Prognose: Die Krankheit ist außerordentlich häufig und kann so ziemlich alle Fischarten befallen. In saurem Milieu entwickeln sich jedoch die Schwärmer schlechter, unterhalb eines pH von 5,5 hört die Entwicklung ganz auf. In saurem Wasser gepflegte Fische bleiben daher meist (!) von *Ichthyophthirius* verschont. Bei nicht zu starkem Befall sind die Heilungsaussichten gut.

Therapie: 1. Umsetzmethode: Die Fische werden alle 12 Stunden in ein parasitenfreies Becken umgesetzt. Die innerhalb der Verweildauer in einem Becken abgefallenen Ichthyophthirien können bei Temperaturen unter 28 °C noch keine Schwärmer gebildet haben, so wird eine Neuinfektion unmöglich, und der Fisch wird nach und nach parasitenfrei. Die infizierten Becken bleiben 72 Stunden leerstehen, in dieser Zeit sind alle Schwärmer geschlüpft und abgestorben, so daß das Becken nicht mehr infektiös ist und erneut verwendet werden kann. Man benötigt also 7 Becken, von denen jeweils 6 leerstehen und 1 besetzt ist.

2. Chemische Bekämpfung: Hierbei muß berücksichtigt werden, daß die Medikamente nur gegen Schwärmer, nicht aber gegen die in der Haut sitzenden Parasiten wirksam sind. Deshalb sind sehr lange Badezeiten nötig, bis sich auch der letzte Parasit abgelöst hat. Um das zu beschleunigen, wird empfohlen, die Temperatur tagsüber auf 33 °C zu steigern, nachts dann aber auf 21 °C abfallen zu lassen (sofern die Fischart das verträgt). Die Badedauer sollte dann 4–5 Tage, bei 25 °C aber 7 Tage betragen. Als Heilmittel seien Trypaflavin und Malachitgrün (s. S. 57, 58) empfohlen. Im Fachhandel sind seit einigen Jahren Mittel erhältlich, die teilweise gegen die in der Haut sitzenden Parasiten wirksam sind. Jedoch gibt es immer wieder Infektionen (besondere Rassen von *Ichthyophthirius?*), bei denen auch solche Mittel gegen Formen unter der Haut wirkungslos bleiben.

3. Physikalische Bekämpfung: Werden die Fische in unbepflanzten Aquarien ohne Bodengrund gehalten, in denen durch Ausströmer und Umlaufpumpe eine starke Strömung erzeugt wird, können sich die abgefallenen Parasiten nicht weiterentwickeln, und die Infektion erlischt nach einiger Zeit. Es ist darauf zu achten, daß keine Ecken mit unbewegtem Wasser vorhanden sind. Das Verfahren ist nur für größere Fische anwendbar, kleinere können der notwendigen starken Strömung nicht standhalten.

Cryptocaryon irritans (Seewasserichthyo)

Krankheitsursache: Im Seewasser kommt ein dem im Süßwasser lebenden *Ichthyophthirius* sehr ähnliches Wimpertierchen vor, *Cryptocaryon irritans*. Über seine Lebensweise und Fortpflanzung liegen noch keine gesicherten Erkenntnisse vor.

Krankheitsbild und Diagnose: Befallene Fische klemmen die Flossen, scheuern sich an Einrichtungsgegenständen und sind sehr unruhig. Meist sind die bis zu 2 mm großen Einzeller mit bloßem Auge gut erkennbar. In anderen Fällen wird die Haut über dem Parasiten milchig, so daß *Cryptocaryon* selbst unsichtbar bleibt. Da der Seewasserichthyo größer und leichter verletzlich ist als *Ichthyophthirius*, wird der Parasit bei der Herstellung des Hautabstriches leicht zerstört. Findet man daher Stücke mit schlagenden Wimpern, handelt es sich mit großer Wahrscheinlichkeit um einen zerrissenen *Cryptocaryon*.

Der unverletzte Parasit läßt im Gegensatz zu

Ichthyophthirius einen Kern nur undeutlich oder gar nicht erkennen.

Vorkommen und Prognose: Befall mit *Cryptocaryon* ist bei Seewasserfischen nicht selten. Besonders *Platax*-Arten sind gefährdet. Die Behandlung ist schwieriger als bei *Ichthyophthirius*. Ein späteres Wiederaufflackern des Befalls ist häufig.

Therapie: Chinin-Dauerbäder (s. S. 54) sind häufig, aber nicht in allen Fällen erfolgreich. Kupfersulfat-Dauerbäder (s. S. 57) sind sicherer, müssen jedoch ziemlich lang ausgedehnt werden. Man sollte die Kur noch 5 Tage fortsetzen, nachdem kein Parasit mehr zu sehen ist.

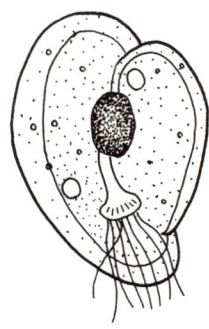

Bild 27: Großer herzförmiger Hauttrüber *Chilodonella*.

Chilodonella
(Großer herzförmiger Hauttrüber)

Krankheitsursache: *Chilodonella* ist auf der Rückseite gleichmäßig bewimpert, auf der Bauchseite stehen nur seitlich 8–15 Wimperreihen. Das Hinterende ist eingekerbt, wodurch die annähernd herzförmige Gestalt entsteht, doch ist die Form am lebenden Tier ziemlich veränderlich (Bild 27 und S. 38 oben rechts). Die Größe schwankt zwischen 40 und 60 µm. Der Parasit pflanzt sich durch einfache Querteilung fort. Er kann kurze Strecken frei schwimmen und so neue Fische befallen. Die Infektionsgefahr ist bei zu dichtem Fischbesatz stark erhöht. Auf geschwächten Fischen breitet sich die Krankheit schnell aus und kann dann auch auf gesunde übergehen.

Krankheitsbild und Diagnose: *Chilodonella* verursacht eine weißlich-bläuliche Hauttrübung. Besonders häufig wird das Gebiet zwischen Kopf und Rückenflosse befallen. Bei starkem Befall kann Parasit an Parasit sitzen, und es kann eine beträchtliche Hautverdickung auftreten. Die Haut löst sich dann in Fetzen ab. Meist haben die befallenen Stellen eine kreisrunde oder elliptische Form und eine weißlich trübe Farbe.

Auch die Kiemen werden befallen und können vollständig zerstört werden, so daß nur die Knorpelspangen übrigbleiben.

Die Fische führen scheuernde Bewegungen aus und klemmen die Flossen, später werden sie matt. Sind die Kiemen stark befallen, hängen die Tiere an der Oberfläche und schnappen nach Luft. Zur Diagnose werden Haut- und Kiemenabstriche unter dem Mikroskop untersucht (100fache Vergrößerung). Tote und konservierte Tiere eignen sich nicht zur Untersuchung, da der Parasit verendete Tiere sehr rasch verläßt.

Vorkommen und Prognose: Die Krankheit kann die verschiedensten Fische befallen und verläuft bei starkem Befall tödlich. Wird die Infektion rechtzeitig erkannt, sind die Heilungsaussichten gut. Doch ist *Chilodonella* der gefährlichste der Hauttrüber.

Therapie: Trypaflavin-Dauerbad (28 °C, 10 Stunden, s. S. 58), Malachitgrün-Dauerbad (s. S. 57). Leerstehende Becken dürften bei 28 ° C innerhalb 3–5 Tagen als parasitenfrei anzusehen sein.

Trichodina
(Mittlerer kreisförmiger Hauttrüber)

Krankheitsursache: *Trichodina* wirkt unter dem Mikroskop wie ein feines Filigran. Dieser Eindruck kommt durch einen Ring mit einer wechselnden Anzahl von Haken zustande. Im Leben ist *Trichodina* fast ständig in kreisender Bewegung und reißt mit den Haken Teile der Haut oder Kiemen ab. Der Parasit vermag auch tief in das Wirtsgewebe einzudringen und es zu zerstören. Selten findet sich *Trichodina* in der Harnblase. Einzelne Individuen verlassen den Wirt und befallen neue Fische.

Trichodina ist kein echter Parasit, sondern ernährt sich von Bakterien und abgelösten Hautstückchen. Die Mundöffnung befindet sich auf der dem Fisch abgewandten Seite. *Trichodina* besiedelt meist schon vorgeschädigte Hautstellen der Fische, die von Bakterien befallen sind. *Trichodina* kann auch längere Zeit frei im Wasser leben und sich dort ernähren. Es sind verschiedene Arten beschrieben worden, auch solche aus dem Seewasser. (Bild S. 38 unten rechts)

Krankheitsbild und Diagnose: Das Erscheinungsbild, weißlich-bläuliche Hautbeläge, ähnelt dem der übrigen Hauttrüber, doch befällt *Trichodina* meist die Kiemen stärker als die Haut. Zur Diagnose werden Hautabstriche und Kiemen unter dem Mikroskop bei 100- bis 200facher Vergrößerung untersucht.

Vorkommen und Prognose: Einzelne Trichodinen sind harmlos, stärkere Infektionen können besonders bei geschwächten Tieren tödlich verlaufen. Bei rechtzeitiger Behandlung sind die Heilungsaussichten gut.

Therapie und Prophylaxe: Dauerbäder (1–2 Tage) mit Chinin (s. S. 54) oder Trypaflavin (s. S. 58) führen meist zum Erfolg. Ein Einschleppen von *Trichodina* zusammen mit Lebendfutter läßt sich wegen der auch planktonischen Lebensweise nicht vermeiden.

Tetrahymena pyriforme
(Birnenförmiger Hautparasit)

Krankheitsursache: *Tetrahymena* ist birnen- bis kürbisförmig. Das Tier lebt eigentlich frei, bevorzugt in stark verschmutztem Wasser. Einige Exemplare sind wohl in jedem Aquarium vorhanden. An toten Fischen sammeln sich diese schnell und vermehren sich rasch. Nicht selten werden aber auch lebende, durch andere Hautparasiten (besonders Bakterien) bereits stark geschwächte Fische befallen. (Bild S. 38 unten links)

Krankheitsbild und Diagnose: Infizierte Fische klemmen die Flossen und schaukeln. Im Hautbereich ist *Tetrahymena* leicht zu diagnostizieren, da der Parasit nie vereinzelt, sondern, wenn überhaupt, dann in großer Anzahl auftritt.

Vorkommen und Prognose: *Tetrahymena* ist immer Sekundärparasit und deutet auf sehr nährstoffreiches, ungepflegtes Wasser hin. Da nur bereits anderweitig geschwächte Fische befallen werden, ist die Prognose nicht gut. Tetrahymenabefall zeigt den nahen Tod des Wirtes an.

Therapie: *Tetrahymena* selbst ist mit Malachitgrün (s. S. 57) bekämpfbar. Es muß aber immer nach der Primärkrankheit gesucht werden.

Glossatella (Gestielter Hauttrüber)

Selten finden sich im Hautabstrich Wimpertierchen, die nur am oberen Rand einen Wimperkranz besitzen. Sie sitzen mit einem sich verjüngenden Stiel auf der Haut fest. Zur Bekämpfung wird Malachitgrün (s. S. 57) vorgeschlagen.

Pilze

Pilze sind blattgrünlose Pflanzen, die als ein Gewirr von Fäden (Mycel) auf organischer Substanz wachsen.

Saprolegniacea (Wasserschimmel)

Krankheitsursache: Die Gattungen *Saprolegnia* und *Achlya* siedeln sich vor allem auf toter organischer Substanz an (z. B. Futterreste, abgestorbene Eier) und bilden dort aus feinen weißen Fäden (Hyphen) bestehende Rasen. Doch auch beschädigte Hautstellen geschwächter Fische können von diesen Pilzen befallen werden (s. S. 55 u.).
Krankheitsbild und Diagnose: An den befallenen Hautstellen bilden sich wattebauschähnliche Beläge, die zusammenfallen, wenn man den Fisch aus dem Wasser nimmt. Unterm Mikroskop finden sich dünne, durchsichtige Fäden mit dunkleren Sporangien.
Vorkommen und Prognose: *Saprolegnia* und *Achlya* befallen nur beschädigte und geschwächte Tiere. Gesunde Fische werden nicht infiziert. Verpilzungen finden sich oft auf mechanischen Verletzungen und als Zweitinfektion bei *Gyrodactylus*-Hauttrübungen, nach außen durchbrechenden *Ichthyosporidium*-Infektionen u. ä. Der Pilzbefall läßt sich beseitigen, doch ist stets auch nach der eigentlichen Ursache zu suchen. Die Pilzfäden wachsen nicht nur nach außen, sondern auch nach innen und schädigen die Organe des Fisches. Zudem geben Pilze hochgiftige Stoffwechselprodukte an den Fischorganismus ab. Erfolgt eine Behandlung nicht sofort im Anfangsstadium, ist der Fisch meist nicht mehr zu retten.
Therapie: Spezifisch fungizide (pilztötende) Mittel sind für Aquariengebrauch zu teuer (Griseofulvin s. S. 57) und auch für Fische nicht unbedenklich. Im Zoofachhandel sind geeignete Präparate zur Behandlung von Pilzen erhältlich. So der Befall auf einzelne Stellen beschränkt ist, helfen Pinselungen mit Rivanol (s. S. 58). Immer ist aber zu bedenken, daß sich Pilze nur auf bereits infizierter Haut ansiedeln. Bekämpfung von Hautbakterien (s. bakterielle Haut- und Flossenfäule) bringt meist auch die Pilze zum Verschwinden.

Ichthyosporidium hoferi

Der Pilz *Ichthyosporidium hoferi* ist den meisten Aquarianern noch unter seinem alten Namen *Ichthyophonus* bekannt. Inzwischen wurde nach neueren Untersuchungen der alte Name *Ichthyophonus hoferi* wieder eingeführt.
Er galt einmal als die größte Geißel der Aquaristik. Er sollte für über die Hälfte aller Verluste bei Zierfischen verantwortlich sein. Neuere Forschungen haben ergeben, daß *Ichthyosporidium* im Aquarium recht selten ist. Die meisten als »Ichthyophonus« diagnostizierten Fälle waren in Wirklichkeit Erkrankungen an Fischtuberkulose. Im Seewasseraquarium finden sich allerdings echte *Ichthyosporidium*-Infektionen, im Süßwasser konnte ich bisher nur bei lebendgebärenden Zahnkarpfen und Cichliden eindeutige Infektionen feststellen.
Der Pilz befällt fast alle inneren Organe. Er findet sich in Leber, Niere, Milz, Herz, Eierstock, Hoden, Mesenterien, Gehirn, Augen, Muskeln und Haut. Er bildet mehr oder weniger kugelige Zysten, die mikroskopisch klein sein können, aber auch gelegentlich bis zu 2 mm groß werden. Unter dem Mikroskop zeigen sie eine braune Farbe und sind weniger durchsichtig als das umgebende Gewebe. Typisch sind die kugeligen oder eckigen schwarzen Einschlüsse.
Da ganz ähnliche Zysten auch bei Fischtu-

berkulose auftreten, ist eine Unterscheidung beider Krankheiten schwierig. Läßt man Quetschpräparate mit *Ichthyosporidium*-verdächtigen Zysten, evtl. unter Zusatz von etwas Glycerin, längere Zeit (2–14 Tage) liegen, so keimen bald dicke und dünne Hyphen aus. Eine Bekämpfung ist nicht bekannt. Alle bisher veröffentlichten Therapievorschläge erwiesen sich als unsicher.

Bakterien und Viren

Bakterien sind einzellige Lebewesen ohne einen Kern, der mit denen höherer Lebewesen vergleichbar wäre. Wegen ihrer geringen Größe (wenige µm) können Bakterien leicht überallhin verschleppt werden. Noch kleiner sind Viren, sie sind nur mit dem Elektronenmikroskop erkennbar. Viren können sich nur in lebenden Zellen vermehren.
Bakterielle und viröse Erkrankungen können nur von Speziallabors diagnostiziert werden. Im folgenden sind daher nur einige Krankheiten geschildert, die ohne spezielle Hilfsmittel mit einiger Wahrscheinlichkeit erkannt werden können.

Mycobacterium (Fischtuberkulose)

Krankheitsursache: Die Fischtuberkulose wird von Bakterienarten der Gattung *Mycobacterium* verursacht, zu der auch der Erreger der menschlichen Tuberkulose gehört. Die Krankheit ist bei Aquarienfischen sehr weit verbreitet, bei Wildfischen dagegen selten. Allerdings ist die Krankheit nicht immer tödlich. Die Bakterienherde werden im Körper in kleinen Knötchen (lat. tuberculum = Knötchen) abgekapselt. Solange die Umweltverhältnisse für den Fisch gut sind, droht keine Gefahr. Bei Schwächung des Wirtes durch ungeeignete Wasserverhält-

nisse, eine andere Krankheit etc. können die Knötchen aber aufbrechen; die Fischtuberkulose wird akut und kann den Fisch töten. Unter den bei Fischen vorkommenden *Mycobacterium*-Arten ist mindestens eine, vielleicht zwei, die auch für den Menschen infektiös sein können. Man sollte es daher vermeiden, Aquarienwasser zu trinken (Ansaugen von Schläuchen) oder mit offenen bzw. noch nicht voll verheilten Wunden in das Aquarium zu langen. Schnittwunden an Aquarienscheiben sollen ordentlich ausbluten und dann desinfiziert werden.
Krankheitsbild und Diagnose: Das Erscheinungsbild der Fischtuberkulose ist außerordentlich vielfältig. Oft fressen erkrankte Fische schlecht und magern ab (Hohlbäuchigkeit, Messerrücken). Aber es kommen auch eindeutig durch *Mycobacterium* bedingte Todesfälle vor, denen keine äußeren Anzeichen vorangingen. Glotzaugenbildung ist häufig, aber durchaus nicht immer von hinter dem Auge liegenden Tuberkeln verursacht. Die Stellung einer genauen Diagnose ist mit unseren Mitteln nicht möglich. Leicht lassen sich die Knötchen in den verschiedensten Organen unter dem Mikroskop erkennen (S. 56 oben). Eine zuverlässige Unterscheidung von den durch *Ichthyosporidium hoferi* hervorgerufenen Knoten ist aber nicht möglich. Als Anhaltspunkt kann gelten, daß die Tuberkuloseknötchen mehr gelbbraun erscheinen, die von *Ichthyosporidium* schwarzbraun. Da beide Krankheiten in der Regel unheilbar sind, ist eine Differenzierung auch nicht wichtig.
Vorkommen und Prognose: Die Krankheit ist außerordentlich häufig. Deutlich erkrankte Fische sind kaum zu retten.
Therapie und Prophylaxe: Eine medikamentöse Behandlung ist bis jetzt nicht möglich. Versuche mit den in der Humanmedizin gebräuchlichen Mitteln (Tuberkulostatica)

Bakterien

sollten unterlassen werden, da Tuberkulosebakterien sehr schnell immun gegen die Medikamente werden. Sie helfen dann auch nicht mehr, wenn der Pfleger sich infiziert hat und die Medikamente selbst benötigt. Eine Infektion der Fische mit *Mycobacterium* läßt sich in der Praxis nicht vermeiden. Unter optimalen Bedingungen gehaltene Fische erkranken aber kaum. Treten in einem Aquarium Todesfälle durch Tuberkulose auf, so sollten alle verdächtigen Fische vernichtet werden. Für den Rest müssen die denkbar besten Bedingungen geschaffen werden. Besonders sorgfältig ist darauf zu achten, daß keine verendeten Fische im Aquarium bleiben; aus ihnen werden Unmengen von Bakterien frei, die meist besonders angriffslustig (virulent) sind. Todeskandidaten sollten herausgefangen werden.

Columnaris-Krankheit

Krankheitsursache: Diese Krankheit wird durch zwei für uns nicht unterscheidbare Bakterienarten *Chondrococcus columnaris* und *Cytophaga columnaris* hervorgerufen. **Krankheitsbild und Diagnose:** Das Bild der Columnaris-Krankheit ist sehr wechselnd. Bei vielen Lebendgebärenden (nicht beim Guppy) tritt die Krankheit als »weiße Schnauze« auf. Um das Maul herum, besonders an der Oberseite, treten weiße Stellen auf, von denen feinste weiße Fäden abstehen. Solche Stellen können aber auch an anderen Körperstellen auftreten. Manchmal fehlen die weißen Fäden, obwohl eine Columnaris-Infektion vorliegt. Mit dem Mikroskop läßt sich die Krankheit einfach nachweisen. Man schabt mit dem Skalpell oder einer Lanzettnadel etwas von der verdächtigen Stelle ab. Geschieht dies am lebenden Fisch, muß die Wunde mit Rivanollösung abgetupft werden. Das Geschabsel bringt

man unter einem Deckglas unter das Mikroskop und beobachtet bei mindestens 400facher Vergrößerung. Nach einigen Minuten verlassen die Bakterien das Gewebe. Es sind lange, sehr dünne Fäden, die sich mit einem Ende am Deckglas festheften (manche Arten auch unten auf dem Objektträger). Das andere Ende schwingt langsam hin und her. **Vorkommen und Prognose:** Die Krankheit ist weit verbreitet, vor allem bei Lebendgebärenden, jedoch werden wohl alle Fische befallen. Ob es sich bei dem mikroskopisch gleichen Erscheinungsbild bei Seewasserfischen um die gleichen Bakterienarten handelt, ist ungeklärt. Ist die Krankheit äußerlich deutlich zu erkennen, sind die Heilungsaussichten nicht gut. Im Anfangsstadium ist dagegen eine Behandlung erfolgversprechend. **Therapie:** Antibiotika (s. S. 53) helfen manchmal. Zu empfehlen sind Sulfonamide (s. S. 58) oder Präparate auf Nitrofuranbasis (s. S. 58). Auch Trypaflavin (s. S. 58) ist wirksam. Im Zoofachhandel sind gute Präparate erhältlich.

Bakterielle Haut- und Flossenfäule

Krankheitsursache: In jedem Wasser vorkommende Bakterienarten, besonders aus der Gattung *Aeromonas* und *Pseudomonas*, können die Haut von Fischen befallen. Infektionen dieser Art treten besonders bei ungeeigneter Haltung (z.B. Transport) auf. **Krankheitsbild:** Die Haut wird zerstört, die Flossen fransen aus. Häufig tritt sekundär eine Verpilzung oder Befall mit *Tetrahymena* auf. **Therapie:** Antibiotika (s. S. 53), Sulfonamide (s. S. 58), Präparate auf Nitrofuranbasis (s. S. 58), vor allem aber optimale Haltung. Auch Trypaflavin (s. S. 58) hilft. Gute Medikamente sind im Zoofachhandel erhältlich.

Innere Bakteriosen

Bakterieninfektionen im Fischkörper können wir nicht erkennen. Eine Ausnahme bildet die sogenannte »falsche Neonkrankheit«. Ähnlich wie bei Infektionen mit *Pleistophora hyphessobryconis* (s. S. 34) treten milchig weiße Stellen unter der Haut auf. Die Verfärbung ist jedoch blasser. Die Krankheit befällt vor allem Salmler. Da der Rote Neon (*Cheirodon axelrodi*) nicht mit *Pleistophora hyphessobryconis* infizierbar ist, muß es sich bei ihm immer um die »falsche Neonkrankheit« handeln. Bei *Paracheirodon innesi* und anderen Salmlern muß man am Muskelquetschpräparat auf *Pleistophora* prüfen. Eine Behandlung mit Sulfonamiden (s. S. 58) oder Präparaten auf Nitrofuranbasis (s. S. 58) bringt manchmal Erfolg. Häufig versagt aber jede Therapie.

Viruserkrankungen

Sie sind bei Zierfischen noch wenig erforscht, so daß sicher manche rätselhaften Verluste durch Viren bedingt sind.

Lymphocystis

Bei *Lymphocystis*-Infektionen treten an Flossen und Körper knötchenartige weiße Geschwülste auf, die wie haftengebliebener Laich aussehen (Bild 28). Die Krankheit tritt vor allem in Seewasserbecken auf, kommt aber auch im Süßwasser vor. Sind nur kleine Teile von den Flossen befallen, können diese mit einer scharfen Schere entfernt werden. Die Schnittwunden werden mit Rivanollösung bepinselt (s. S. 58). Die Flossen regenerieren bald. Als medikamentöse Behandlung hat sich in einigen Fällen Volon-A-Haftsalbe (s. S. 58) bewährt. *Lymphocystis*-Infektionen können manchmal einen Be-

Bild 28: Rückenflosse mit *Lymphocystis*.

stand an Fischen rasch vernichten. In anderen Fällen sind zwar die Knötchen vorhanden, vermehren sich aber nicht. Die Fische können uralt damit werden.

Bauchwassersucht

Bauchwassersucht ist eine Bezeichnung für ein Krankheitsbild: Die Fische haben einen aufgetriebenen Leib. Die Ursache ist nicht einheitlich. Die Bauchwassersucht der Karpfen wird von einem Virus hervorgerufen, das wohl stets mit einer Sekundärinfektion durch Bakterien einhergeht. Die Ursachen für Bauchwassersuchtfälle bei Zierfischen sind selten aufklärbar. (Bild S. 56 unten)
Es können wohl alle Fischarten befallen werden. Das Krankheitsbild ist sehr unterschiedlich. Meist zeigen die Fische einen stark aufgetriebenen Leib und Schuppensträube. Auch Glotzaugenbildung kann häufig beobachtet werden. Die Fische geben im Anfangsstadium einen weißen schleimigen Kot ab. Die Leibeshöhle ist mit einer dünnen bis gallertartigen Flüssigkeit gefüllt. Deutlich befallene Fische sollen sogleich entfernt und getötet werden. Die anderen Fische kann man dann behandeln. (Antibiotika, Sulfonamide oder Präparate auf Nitrofuranbasis können versucht werden.)

Nicht von Parasiten hervorgerufene Krankheiten

Geschwülste

Gutartige und bösartige (Krebs-)Geschwülste treten auch bei Fischen auf. Ihre Ursachen sind nicht immer klar zu erkennen. Es gibt innere Geschwülste, die den Leib auftreiben, bei der Sektion findet man dann eine Vergrößerung eines Organs. Äußere Geschwülste stehen als mehr oder weniger große Beulen vom Körper ab. Auffallend sind Melanosarcome, bei denen die Melanophoren (schwarze Farbstoffzellen der Haut) riesig werden und ausgedehnte anomale Schwarzfärbungen im Muskel hervorrufen. Melanosarcome treten besonders bei Kreuzungen verschiedener Arten oder Rassen auf.

Die einzige heilbare Geschwulstbildung ist eine Schilddrüsenwucherung. Sie führt zu einer Kehlgeschwulst, die so groß werden kann, daß Maulsperre auftritt. Als Heilmittel kommt ein Dauerbad (eventuell über Wochen) von Jodjodkaliumlösung (s. S. 57) in Frage. Allerdings ist nicht jede Schilddrüsenwucherung heilbar. Bleibt die Behandlung erfolglos, müssen, wie auch bei allen anderen Geschwülsten, die befallenen Fische getötet werden.

Sauerstoffmangel

Der Sauerstoffbedarf der verschiedenen Fischarten ist sehr unterschiedlich. In belüfteten Becken kann praktisch kein Sauerstoffmangel auftreten. Da aber der Sauerstoff nur zu einem winzigen Teil von der durch das Wasser perlenden Luft aufgenommen wird, die Hauptmenge sich vielmehr an der bewegten Oberfläche löst, ist dafür Sorge zu tragen, daß der Luftraum über dem Wasser nicht von der Außenluft abgeschlossen wird (Deckscheiben, »eingebaute« Aquarien).

Tritt Sauerstoffmangel auf, kann durch mehrfaches Zudosieren von Wasserstoffperoxid Abhilfe geschaffen werden. Sekundärer Sauerstoffmangel liegt vor, wenn zwar genügend Sauerstoff im Wasser gelöst ist, die Fische ihn aber – bedingt entweder durch Kiemenparasiten, Blutparasiten oder durch Vergiftungen (z.B. Nitrit oder hoher Kohlendioxidgehalt, CO_2, des Wassers) – nicht hinreichend aufnehmen können.

Säurekrankheit

Krankheitsursache: Zu saures Wasser kann schwere Schäden verursachen. Die Ansprüche der Fische bezüglich des pH-Wertes sind sehr verschieden, doch soll kein Fisch längere Zeit einem pH unter 5,5 ausgesetzt sein. Besonders gefährdet gegenüber einem Absinken des pH ist Wasser mit sehr geringen Härtegraden!

Krankheitsbild und Diagnose: Die Fische schießen mit ruckartigen Flossenbewegungen durch das Becken. Infolge von Kiemenschädigungen schnappen sie nach Luft und springen manchmal aus dem Aquarium. Der Tod kann sehr rasch, aber auch langsam eintreten. Die Fische sterben in normaler

Schwimmhaltung, oft in Prachtfärbung. Lang andauernder, schädigender, aber nicht tödlicher Aufenthalt in zu saurem Wasser äußert sich durch Verschleimung der Haut, die milchig trüb und dann rötlich entzündet wird. Diese Erscheinungen treten nicht wie parasitäre Hauttrübungen an einzelnen Stellen, sondern gleichmäßig am Körper auf. Auf den Kiemen entsteht oft ein bräunlicher Belag. Der pH des Wassers ist zu messen.

Therapie und Prophylaxe: Zur Beseitigung Wasserwechsel (sehr weichem Wasser Präparate zugeben). Vorbeugend pH regelmäßig kontrollieren. Vorsicht mit Torf bei sehr weichem Wasser!

Laugenkrankheit

Krankheitsursache: Auch basisches Wasser mit einem pH über 9 führt zu Schädigungen. Bei weichem Wasser kann starker Pflanzenwuchs den pH steigern, weil die Pflanzen dem Wasser Kohlendioxid (CO_2) entziehen; dadurch wird Calziumbicarbonat, das sonst pH-Schwankungen auffängt, in unlösliches und damit unwirksames Calziumcarbonat verwandelt.

Krankheitsbild und Diagnose: Verätzungen an Haut und Kiemen. Milchige Hauttrübung.

Therapie und Prophylaxe: Zur Beseitigung der Schäden: Wasserwechsel. Zur Vorbeugung: regelmäßige pH-Kontrolle, besonders bei weichem Wasser!

Gasblasenkrankheit

Krankheitsursache: Eine Flüssigkeit (Blut, Körperflüssigkeit, Wasser) löst unter hohem Druck mehr Gas als unter niedrigem, bei niedriger Temperatur mehr als bei höherer. Bei einer bestimmten Temperatur und einem bestimmten Druck wird eine bestimmte Menge Gas gelöst. Ist für die gegebenen Bedingungen zuviel Gas in einer Flüssigkeit gelöst, haben wir den Zustand der Übersättigung, der bei der kleinsten Störung ausgeglichen wird, indem Gasbläschen abgeschieden werden. Z. B. gibt Wasser, aus der Leitung (hoher Druck) in ein Glas gefüllt, Bläschen ab. Im Aquarium kann bei starker Bepflanzung (Algenwuchs!) und intensiver Sonneneinstrahlung leicht eine Übersättigung mit Sauerstoff auftreten, die sich dann auch in der Gewebsflüssigkeit und im Blut der Fische einstellt. Bei Störungen oder beim Wegfall der Sonneneinstrahlung sinkt die Übersättigung im Wasser rascher als im Tierkörper, im Tier treten dann feine Gasbläschen auf.

Krankheitsbild: Blasen unter der Haut! Größere Fische knistern, wenn man sie aus dem Wasser nimmt.

Therapie und Prophylaxe: Umsetzen in normales Wasser. Mit Ausströmern läßt sich durch Wasserbewegung eine Gasübersättigung verhindern.

Vergiftungen

Das Krankheitsbild der Vergiftungen wechselt mit dem Gift, daher sind keine allgemeinen Aussagen möglich. Bei einem plötzlichen Fischsterben prüfe man immer folgende Punkte:

1. Kann der Beckenanstrich ungeeignet sein?
2. Ist der Anstrich nicht lückenlos, so daß Metalle sich lösen können? Besonders der Diskus reagiert auf chemisch kaum faßbare Mengen.
3. Ist irgendwo Zement verwendet worden, der nicht mindestens 3 – 4 Wochen unter häufigem Wasserwechsel gewässert

Weitere Krankheiten

wurde? Das Krankheitsbild ähnelt dann dem der Laugenkrankheit.

4. Wurden ungeeignete Schläuche, Kitte oder Isoliermittel verwendet? Nicht alle Kunststoffe sind geeignet!

5. Konnte die Luftpumpe starken Zigaretten- oder Ofenrauch ansaugen?

6. Wurden Insektenvertilgungsmittel (Kontaktinsektizide!) oder Unkrautvertilgungsmittel (Herbizide) im Zimmer verwendet?

7. Wurde gechlortes Leitungswasser verwendet?

8. Ein besonderer Hinweis sei den Stickstoffverbindungen gewidmet. Eiweiß (Futterreste usw.) wird von Bakterien abgebaut, dabei entsteht zunächst Ammoniak. Ammoniak ist außerordentlich giftig. Im Wasser liegt es nur teilweise als freie Verbindung vor, zum anderen Teil wird es in das ungefährliche Ammoniumion überführt. Je höher der pH, desto mehr freies Ammoniak ist vorhanden. Bei pH 6 (also saurem Wasser) liegt nur noch das harmlose Ammoniumion vor. Das Bild der Ammoniakvergiftung ähnelt akutem Sauerstoffmangel, die Fische atmen schwer und unregelmäßig. Durch Senken des pH (Zugabe von Präparaten aus dem Zoofachhandel unter dauernder pH-Kontrolle) lassen sich die Fische retten. Haben sich die Fische erholt, empfiehlt es sich, das Wasser zu wechseln. Eine Ammoniakvergiftung kann nur bei basischem Wasser vorliegen! Von anderen Bakterien wird Ammoniak erst in Nitrit, dann in Nitrat umgewandelt. Ammoniakvergiftungen sind in der Praxis selten. Nitrit ist in relativ niedrigen Konzentrationen fischgiftig. Fehlen die Bakterien, die Nitrit in Nitrat umwandeln, kann es zu einem zu hohen Nitritgehalt kommen. Nitrit-Meßreagenzien sind im Zoofachhandel erhältlich und sollten zur Überwachung, ob die Filter richtig arbeiten, regelmäßig angewendet werden. Muß eine zu hohe Nitritkonzentration beseitigt werden, kann dies durch wiederholte Zugabe von Wasserstoffperoxid (s. S. 58) geschehen. Nitrat ist erst in recht hohen Konzentrationen giftig. Durch regelmäßigen Teilwasserwechsel läßt sich der Nitratgehalt in tragbaren Grenzen halten.

9. Kohlendioxidvergiftungen sind selten. Wenn mit Kohlendioxiddüngung unsachgemäß gearbeitet wird, können sie vorkommen. Da Kohlendioxid (CO_2) nur bei niedrigem pH im Wasser schädliche Konzentrationen bewirken kann, heben wir im Notfall den pH mit Präparaten aus dem Zoofachhandel unter laufender Kontrolle auf 8 an.

10. Nicht zu den eigentlichen Vergiftungen gehören Schäden durch schadhafte elektrische Heizer. Verspürt man ein leichtes Prickeln, wenn man ins Wasser greift, so ist etwas nicht in Ordnung! Die Fische brauchen dabei noch keine Symptome des Unbehagens zu zeigen.

11. Auch Dekorationsgegenstände können Giftstoffe an das Wasser abgeben. Besonders ist auf Wurzeln zu achten, die faulen können. Hochgradig gefährlich sind Schaumstoffe, die als Filtermaterial Verwendung finden und nicht speziell für aquaristische Zwecke hergestellt wurden. Schaumstoffe aus alten Möbeln sind mit Giftstoffen versetzt, um das Einnisten von Ungeziefer zu verhindern. Auch gründliches Auswaschen oder Wässern über längere Zeit entfernt die Gifte nicht.

Bei allen genannten Möglichkeiten soll man die Fische sofort in einwandfreies Wasser umsetzen und die Ursache abstellen!

Weitere Krankheiten

Umweltgifte

Leider kann man heutzutage nicht mehr davon ausgehen, daß das vom Wasserwerk in die Leitung gespeiste Wasser frei von Schadstoffen ist. Besonders in Gebieten mit intensiver Landwirtschaft enthalten die Quellen hohe Nitratwerte oder gefährliche Konzentrationen von Umweltgiften.

Umweltgifte sind die zur Schädlingsbekämpfung benutzten Pestizide, die sogenannten Agrarwirkstoffe. Hier sind zu nennen: Herbizide, die alle anderen außer den gewünschten Pflanzen vergiften, die Fungizide gegen Pilze und die Insektizide gegen Insekten. Leider haben wir nicht die geringste Chance, diese Gifte in unserem Wasser nachzuweisen, da es keine Reagenzien, wie z. B. für Nitrit oder Kupfer, gibt. Wir merken erst, wenn die Fische krank werden, daß etwas nicht stimmt. Aber auch die Analyselabors können nur einen kleinen Teil der Giftstoffe nachweisen – und dazu muß noch in etwa bekannt sein, wonach gesucht werden soll. Das heißt, man kann sich kaum gegen solche Überraschungen schützen. Erst wenn die Fische im Aquarium herumschießen oder apathisch werden, kann man auf eine Vergiftung schließen.

Schleichende Vergiftungen treten auf, wenn der Giftstoff in ganz geringen Konzentrationen in das Aquarium gelangt. In manchen Organen, wie in der Leber, reichern die Gifte sich an. Wenn ein bestimmtes Maß erreicht ist, versagt das betroffene Organ, und die Fische sterben, ohne daß ein Zusammenhang mit anderen Faktoren ersichtlich ist. Meist werden die Fische nur geschwächt und erkranken dann an den verschiedensten Krankheiten. Da sich die Gifte weder abbauen noch aus dem Wasser verdunsten, reichern sie sich mit der Zeit im Aquarienwasser an, wenn nur das verdunstete Wasser ersetzt wird. Darum ist es wichtig, regelmäßig einen Wasserwechsel durchzuführen.

Die wirksamste und kostspieligste Methode, alle Gifte aus einem Wasser zu entfernen, ist der Betrieb einer Osmoseanlage. Das lohnt sich nur für Züchter und Zoofachgeschäfte, denn eine solche Anlage muß täglich in Betrieb sein, sonst leiden die feinen Membranen. Der »Normalaquarianer« kann sein Wasser vor dem Wasserwechsel aufbereiten, indem er es über Kohle filtert. Man füllt einen sauberen Behälter mit der benötigten Wassermenge und schließt daran einen Filter, der vollständig mit einer guten Filterkohle gefüllt ist. Diesen läßt man 24 Stunden laufen. Nach dieser Zeit ist das Wasser von dem größten Teil der Giftstoffe befreit.

Futterschäden

Auf sachgemäße Fütterung kann hier nicht eingegangen werden. Zeigt das Leberquetschpräparat viele kleine Fettkügelchen, so liegt eine Leberdegeneration vor, die auf ungeeignetes oder zu reichliches Futter hinweist. Im fortgeschrittenen Stadium finden sich Bindegewebssträne in der Leber, die jedoch auch nach Parasitenbefall auftreten. Auch gerötete Stellen am Darm, ohne daß sich Parasiten nachweisen lassen, deuten auf falsche Fütterung hin.

Vor Tubifex und Mückenlarven aus Abwässern sei gewarnt, sie können giftig sein. Chironomidenlarven aus Abwässern können Schuppensträube verursachen.

Lochkrankheit

Die Lochkrankheit tritt hauptsächlich bei südamerikanischen Cichliden auf. Sie wird primär durch einen Mangel von Kalzium, Magnesium und Phosphor sowie den Mangel an Vitamin D verursacht. Verschiedene sekundäre Erscheinungen, wie ein starker Geißeltierbefall oder sehr mineralstoffarmes Wasser, wirken verstärkend. Da bei einem Massenauftreten von Geißeltierchen die Darmschleimhaut sowieso schon geschädigt ist, kommt eine verminderte Resorptionsfähigkeit des Darmes noch hinzu. Darum bessert sich das Krankheitsbild oft nach erfolgreicher Behandlung der Flagellaten. Danach ist es sinnvoll, den Fischen ein Präparat im Futter zu verabreichen, das den Mangel beseitigt: das in der Apotheke erhältliche Osspulvit-N. Man mischt davon 500 Milligramm auf 100 Gramm Futter und gibt dieses am Anfang viermal pro Woche.

Beginnen die Löcher zu heilen, wird das Futter nur noch zweimal pro Woche verabreicht. Die Zugabe einer Mineralstoffmischung (Zoofachhandel) zum Aquarienwasser ist empfehlenswert, wenn die Vitamin-D-Versorgung über das Futter gewährleistet ist.

Mechanische Verletzungen

Verletzungen durch äußere Ursachen heilen bei gesunden Fischen rasch aus. Es empfiehlt sich bei größeren Wunden, die Fische 2 – 3 Tage im Trypaflavin-Dauerbad zu halten, um die Ansiedlung von Pilzen und Hauttrübern zu verhindern. Kleine Wunden bepinselt man mit Rivanollösung (siehe S. 58).

Medikamente

Gefahrenhinweis!

Viele der im folgenden genannten Medikamente sind hochgradig giftig und müssen vor Kindern sicher aufbewahrt werden. Sie führen beim Einatmen oder Verschlucken zu Vergiftungen. Bei einem Unfall sofort einen Arzt hinzuziehen und ihm den Beipackzettel vorzeigen! Lassen Sie sich beim Kauf vom Apotheker auf eventuell vorhandene Gefahren hinweisen. Manche der Chemikalien färben sehr stark. Flecken auf Stoffen und Möbeln sind kaum noch zu entfernen. Zudem sind einige der genannten Medikamente rezeptpflichtig, man muß sie sich vom Tierarzt verschreiben lassen.

Jede Haftung von seiten der Autoren und des Verlags für Schäden und Folgeschäden, die beim Umgang mit Medikamenten und Chemikalien sowie bei der Behandlung von Fischen entstehen, ist ausgeschlossen!

Antibiotika
rezeptpflichtig
Antibiotika sind speziell gegen bakterielle Krankheiten wirksam. Gelegentlich werden sie auch gegen Einzeller empfohlen. Durch unkontrollierte Anwendung von Antibiotika leben in den Aquarien viele Bakterienstämme, die gegen einige Antibiotika resistent geworden sind. Die Wirkung von Antibiotika ist daher manchmal unsicher.

Medikamente

In der Aquaristik kommt in Frage:
Chloromycetin = Chloramphenicol als
Dauerbad 20 – 80 mg/l,
Terramycin als Dauerbad 10 – 20 mg/l,
Oxytetracycline als Dauerbad 200 – 250 mg/l.

Betäubungsmittel
giftig
Als Fischbetäubungsmittel hat sich MS 222 (Sandoz Basel) bewährt. Je nach Fischart braucht man eine Lösung von 50 – 100 mg/l, zum Töten das Fünffache.
Die richtige Dosis schwankt mit der Fischart. Neue Fischbetäubungsmittel, die weniger artabhängig sind, dürften in Kürze auf dem Markt erscheinen.

Chinin-Bäder
giftig, rezeptpflichtig
1 g Chininhydrochlorid oder Chininsulfat wird zu 100 l Aquarienwasser gegeben. Behandlungsdauer 2 – 3 Tage.

Concurat®
giftig, rezeptpflichtig
Concurat ist ein eingetragenes Warenzeichen für ein Breitspektrum-Antihelminthikum mit 2, 3, 5, 6-Tetrahydro-6-phenyl-imidazo (2, 1, -b)thiazol-hydrochlorid.
Zur Bekämpfung von Capillaria verfüttert man Rote Mückenlarven, die in einer Lösung von 2 – 4 g/l Concurat gebadet werden, bis sie abzusterben beginnen.

Flubendazol
rezeptpflichtig
Flubendazol ist in dem Medikament Flubenol 5% der Firma Janssen enthalten. Flubendazol wirkt bei sehr guter Verträglichkeit für die Fische hervorragend auf Kiemenwürmer und Nematoden des Darmes. Man gibt 10 Milligramm des reinen Wirkstoffes oder

200 Milligramm des Medikamentes auf 100 Liter Wasser. Die abgewogene Menge wird in einem Glas mit etwas Aquarienwasser kräftig aufgeschüttelt und die so entstandene Suspension gleichmäßig im Aquarium verteilt.
Das Wasser soll während der Behandlung belüftet werden, damit sich das Medikament nicht absetzt. Das Medikament bleibt 7 Tage im Aquarium, dann führt man einen großen Wasserwechsel durch. Am nächsten oder übernächsten Tag gibt man die gleiche Dosis noch einmal auf die gleiche Art und Weise ins Wasser und wechselt wiederum 7 Tage später eine größere Menge des Wassers. Die Behandlung wird noch ein weiteres Mal durchgeführt, dann sind drei Wochen vergangen und alle Kiemenwürmer und Nematoden im Darm der Fische abgestorben. Aus Dauereiern, die von dem Medikament nicht abgetötet werden, kann nach einigen Monaten eine Reinfektion erfolgen. Aufgrund der besonderen Wirkungsweise von Flubendazol beginnen die Würmer erst zwei Wochen nach Behandlungsbeginn abzusterben. Lediglich Camallanus ist widerstandsfähiger, darum muß die Behandlung nach zwei Wochen Pause noch einmal 3mal 7 Tage lang durchgeführt werden. Da Camallanus lebende Larven zur Welt bringt, ist nach erfolgreicher Behandlung keine Reinfektion zu erwarten.

Formol-Bäder
sehr giftig
2 – 2,5 ml des käuflichen, ca. 40%igen Formalins werden auf 10 l Wasser gegeben. Badedauer 15 – 45 Minuten; bei Seitenlage sind die Fische sofort zurückzusetzen.

Oben: Kiemenpräparat mit Oodinium pillularis, Vergr.: 180 x.

Unten: Cichlasoma meeki mit Pilzinfektion.

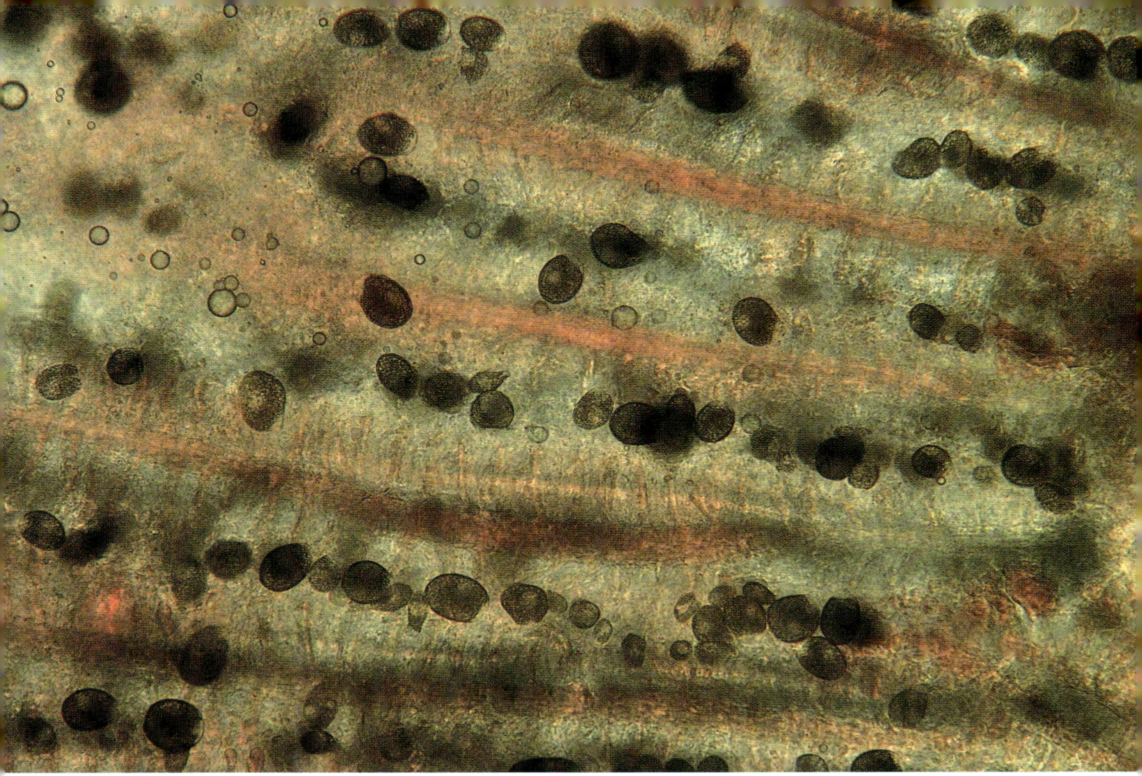

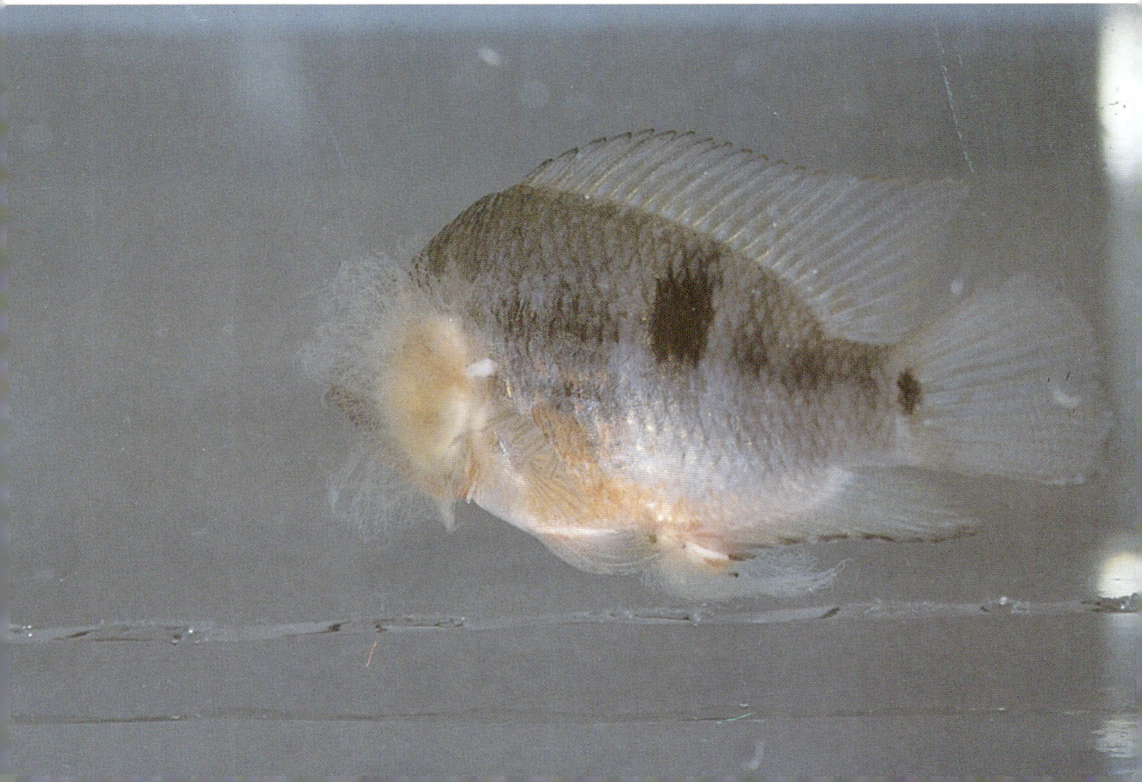

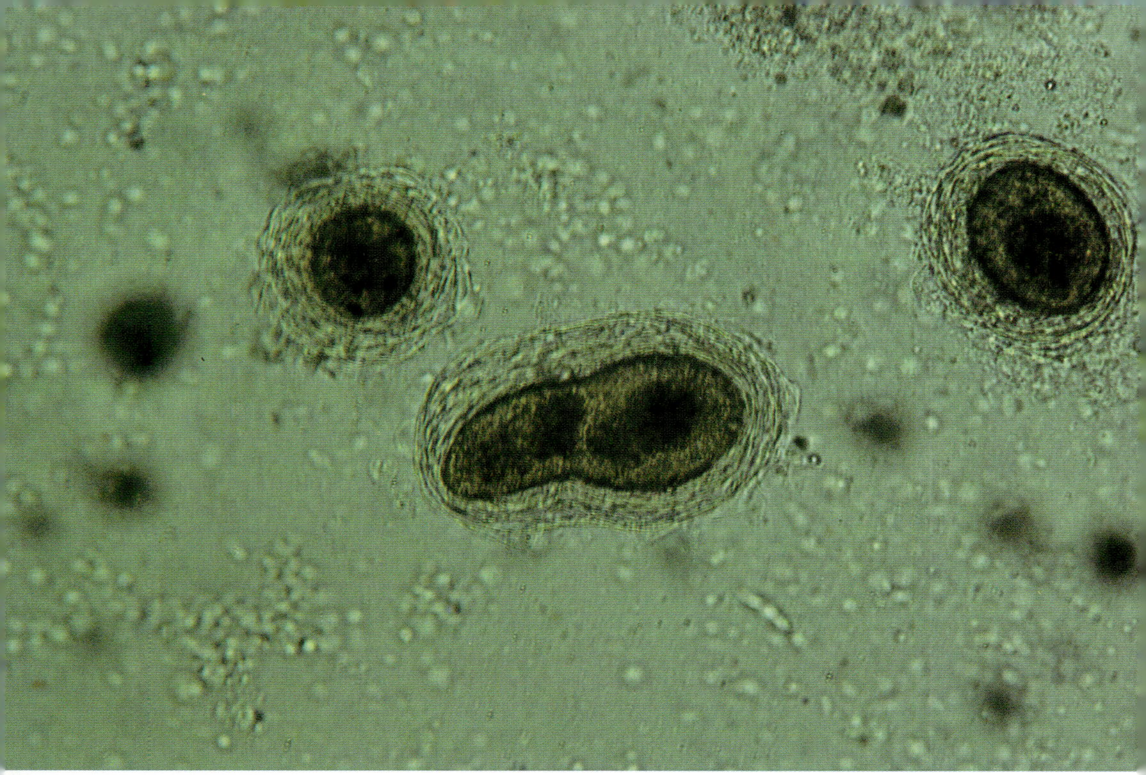

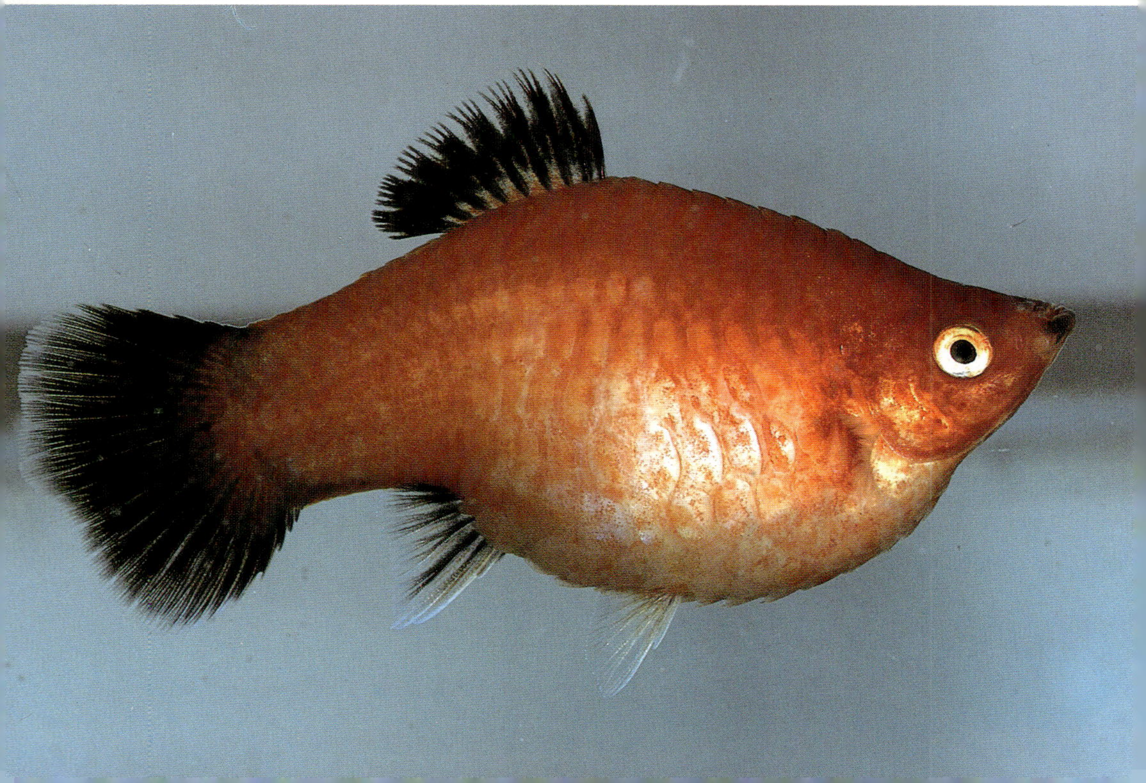

Medikamente

Griseofulvin
rezeptpflichtig
Griseofulvin ist in Apotheken unter verschiedenen Handelsnamen erhältlich. Man löst 10 mg/l und läßt die Fische 1–2 Tage in dieser Lösung.

Jodjodkalium als Dauerbad
giftig
0,5 g Jod und 5 g Kaliumjodid werden in 100 ml Wasser gelöst. Davon gibt man 1 ml auf 50 Liter Aquarienwasser. Bei jedem Wasserwechsel ist die dem zugefügten Wasser entsprechende Dosis nachzugeben.

Kaliumpermanganat
Als Kurzbad für 5–30 Minuten: 1 g auf 100 l. Die Fische sind während der ganzen Dauer zu beobachten. Manche Fische vertragen Kaliumpermanganat schlecht. Nur in einem gesonderten Behälter anwenden, nicht im Aquarium!

Kochsalz-Tauchbad
15–20 g/l reines Salz (NaCl) werden von vielen Parasiten schlechter vertragen als von Fischen. Fische 6–20 Minuten baden; bei Seitenlage sind sie sofort zurückzusetzen.

Kupfersulfat als Dauerbad
giftig
1 g der blauen Kristalle ($CuSO_4 \cdot 5\,H_2O$) wird in 1 l Wasser gelöst. Von dieser Stammlösung gibt man 1,5 ml auf 1 l Aquarienwasser (dies entspricht 1,5 mg pro l Aquarienwasser). Kupfersulfat sollte im Süßwasser nur mit Vorsicht angewandt werden und nur

Oben: Fischtuberkulose, Tuberkelknoten im Quetschpräparat, Vergr.: 210 x.
Unten: Platy mit aufgetriebenem Leib durch Bauchwassersucht.

dann, wenn es eine Härte von mind. 10° dH hat. Im Seewasser fällt Kupfer je nach Verschmutzungsgrad des Wassers mehr oder weniger rasch aus. Man dosiert daher am 3., 5. und 7. Tag die Hälfte nach, bei frischem Seewasser mehr, bei sehr altem weniger. Wer die Möglichkeit hat, die Kupferkonzentration zu bestimmen, halte den Gehalt an Kupferionen zwischen 0,12 und 0,18 mg/l.

Malachitgrün
sehr giftig, stark färbend
Malachitgrün kommt als Chlorid und Oxalat in den Handel. Meist wird es als Oxalat angeboten, das fischgiftiger ist, aber auch besser wirkt. Man gibt 0,03 bis 0,04 mg/l (Stammlösung: 1 g auf 1 Liter, davon 3 bis 4 ml auf 100 Liter Wasser). Da Malachitgrün mit der Zeit zu unwirksamen Verbindungen verändert wird, muß am 3., 5. und 7. Tag die Hälfte der Anfangsdosis nachgegeben werden. Malachitgrünchlorid kann in der doppelten Dosis verwandt werden.

Metronidazol
rezeptpflichtig
Metronidazol (1-β (Hydroxyäthyl)-2-methyl-5-nitroimidazol) ist als Wirkstoff in verschiedenen Trichomonadenmitteln der Humanmedizin enthalten. Tabletten dieser Präparate eignen sich zur Behandlung. Man gibt 4 mg/l (meist enthalten die Tabletten 250 mg) für 3–4 Tage. Metronidazol wird durch Filterung über frische Aktivkohle rasch entfernt. Ein Teilwasserwechsel zusätzlich ist anzuraten.

Methylenblau
stark färbend
Methylenblau hilft vorbeugend gegen Hauttrübung, Schimmelbefall und Laichverpilzung. Man stellt sich eine Stammlösung von 1 Gramm auf 1 Liter Wasser her. Davon gibt

Medikamente

man vorbeugend gegen Infektionen nach dem Transport oder bei Hautverletzungen 30 bis 50 Milliliter auf 100 Liter Wasser. Bei akutem Befall durch *Protozoon* kann bis 100 Milliliter Stammlösung auf 100 Liter Wasser dosiert werden.

Nitrofuran-Präparate
rezeptpflichtig
Verbindungen auf Nitrofuranbasis haben teilweise eine sehr gute bakterizide und in manchen Fällen sogar fungizide Wirkung. Speziell zur Behandlung von Fischen geeignete Präparate sind im Zoofachhandel erhältlich.

Rivanol
giftig
100 mg (1 Tablette) werden in 100 ml heißem Wasser gelöst. Nach Erkalten der Lösung wird die zu behandelnde Stelle außerhalb des Wassers mit einem mit Rivanollösung getränkten Wattebausch abgetupft. Die Behandlung kann, wenn notwendig, nach 48 Stunden wiederholt werden. Fisch so halten, daß kein Rivanol in die Kiemenhöhle läuft!

Sulfonamide
rezeptpflichtig
Im Vergleich zu Antibiotika (vgl. S. 53) treten kaum Bakterienstämme in Aquarien auf, die gegen Sulfonamide resistent sind. Zur Behandlung verwendet man Sulfanilamid oder Sulfathiazol in einer Konzentration von 100 mg/l für 3–4 Tage. Danach ist über frische Aktivkohle zu filtern und ein Teil des Wassers zu wechseln. Die genannten Sulfonamide lösen sich nur schlecht, eine leichte Wassertrübung ist aber unschädlich.

Trichlorfon
rezeptpflichtig, sehr giftig
Das Trichlorfon (2,2,2,Trichlor-1-hydroxy-äthylphosphorsäure-0,0-dimethylester) ist gleichzeitig ein Insektizid und Breitband-Wurmmittel. Es ist in speziellen Handelsformen für die Fischmedizin im Handel.
Es wird im Dauerbad angewendet, in einer Konzentration von 0,2–0,3 mg/l (aktive Substanz) für 3–4 Tage. Die Temperatur darf nicht unter 20 °C und nicht über 28 °C liegen. Trichlorfon ist mit frischer Aktivkohle gut ausfilterbar, ein zusätzlicher Teilwasserwechsel ist zu empfehlen. Bei seltenen Fischarten empfiehlt es sich, Versuche anzustellen, ob die Tiere Trichlorfon gut vertragen. Es wirkt im Süß- und Seewasser.

Trypaflavin
stark färbend
Trypaflavin ist ein altes bewährtes Mittel gegen Einzeller-Infektionen, das bis zu einem gewissen Grad auch gegen äußere bakterielle Infektionen wirksam ist. Man verwendet es als Dauerbad. (Stammlösung: 1 g auf 1 Liter Wasser, davon 100 bis 200 Milliliter auf 100 Liter Aquarienwasser.)
Pflanzen vertragen Trypaflavin nicht gut. Frische Aktivkohle entfernt Trypaflavin rasch, zusätzlicher teilweiser Wasserwechsel ist zu empfehlen.

Volon-A-Haftsalbe
Diese Salbe haftet auch unter Wasser. Werden *Lymphocystis*-Knoten mit ihr bedeckt, können die freiwerdenden Viren keine neuen Zellen befallen. Ein Zusatz von Cortison und einem Antibiotikum mag außerdem wirken. Die Erfolgsrate gegen *Lymphocystis* ist aber nicht hoch.

Wasserstoffperoxid
ätzend
25 ml der 3%igen Lösung auf 100 Liter Aquarienwasser. Bei wiederholter Anwendung können Schleimhautverätzungen auftreten!

Wie wir Medikamente zubereiten und anwenden

Ein Teil der angegebenen Heilmittel ist in Apotheken oder Zoofachgeschäften ohne weiteres erhältlich. Andere sind rezeptpflichtig, oder die Beschaffung macht irgendwelche anderen Schwierigkeiten. Wenden wir uns an einen Apotheker, möglichst wenn er gerade nicht zu viel zu tun hat, und erklären ihm unsere Absichten, so wird er uns helfen können. Die rezeptpflichtigen Medikamente müssen wir uns von einem Tierarzt verschreiben lassen.

Bei komplizierteren Verbindungen sind die freien internationalen Kurzbezeichnungen angegeben. Der Apotheker wird uns sagen können, unter welchem Namen diese Stoffe von verschiedenen Firmen in den Handel gebracht werden. Alle Markenzeichen aufzuführen, ist unmöglich. Manche Medikamente sind nur schwer als reine Substanz erhältlich, meist sind sie mit Begleit- und Füllstoffen versehen, z. B. als Tabletten, im Handel. Auch hier wird uns der Apotheker Auskunft geben können, ob die Begleitstoffe für unsere Zwecke unbedenklich sind oder nicht.

Auf Wunsch stellt uns der Apotheker auch Lösungen her oder wiegt die benötigten Mengen ab, da wir selbst kaum über auf Milligramm genaue Waagen verfügen werden. Allerdings kann er uns die Mittel oft nicht in so kleinen Mengen verkaufen, wie wir sie benötigen. Mit angerissenen Packungen kann er nichts mehr anfangen. Hier können wieder Aquarienvereine einspringen, indem sie die häufiger benötigten rezeptfreien Mittel in größeren Posten kaufen und an ihre Mitglieder weitergeben.

Medikamente gegen Parasiten sollen die Erreger töten, müssen also giftig sein. Ein gutes Mittel tötet den Parasiten bei Konzentrationen und Einwirkungszeiten, bei denen die schädliche Wirkung auf den Fisch zu vernachlässigen oder doch wenigstens das kleinere Übel ist. Der Grundsatz »Viel hilft viel« ist demnach unangebracht und gefährlich! Konzentrationsangaben müssen eingehalten werden!

Darüber hinaus werden im aquaristischen Fachhandel eine Reihe von Präparaten angeboten. Manche sind ausgezeichnet, manche schaden, richtig angewandt, nichts, von ein paar läßt sich nicht einmal das sagen. Man prüfe, ob der Hersteller die Zusammensetzung angibt oder nicht. Wer das nicht tut, hat seine Gründe, vielleicht ist das Mittel nur gefärbtes Wasser, oder der Hersteller fürchtet, die böse Konkurrenz könne ihn nachahmen. Das letztere Anliegen mag verständlich sein; der Aquarianer kann es nicht anerkennen. Für den Menschen bestimmte Präparate müssen auch nach ihren Inhaltsstoffen deklariert werden. Im Interesse der Aquarianer sollten die Herstellerfirmen daher mehr als bisher dazu übergehen, die Zusammensetzung ihrer Mittel anzugeben. Dadurch würde unlautere Konkurrenz am ehesten ausgeschlossen.

Alle Heilmittel sind sorgfältig zu lösen. Ungelöste Reste können schwere Schädigungen hervorrufen. Werden sehr geringe Mengen gebraucht und wir können sie nicht in der Apotheke abwiegen lassen, helfen wir uns durch Verdünnen.

Beispiel: Die Anweisung für ein Chinin-Dauerbad lautet: 1 g auf 100 l. Wir wollen die Behandlung in einem 10-Liter-Vollglasbecken vornehmen, brauchen also 0,1 g. 5 g lassen sich auf der Briefwaage noch mit genügender Genauigkeit abwiegen. Wir bereiten eine Stammlösung von 5 g in 1 l Wasser. Sind in 1 l (= 1000 ml) 5 g, so sind in 20 ml 0,1 g enthalten. Wir fügen also 20 ml unserer Stammlösung zu 10 l Wasser.

Mit einer einfachen Rechnung können wir so die Angaben der Medikamententabelle auf unsere Möglichkeiten umformen (1 mg = Milligramm = 0,001 g).

Besitzen wir eine genauer gehende Waage, z. B. eine Hornschalenwaage, können wir auch kleinere Mengen abwiegen und brauchen dann nicht so große Mengen von Stammlösungen anzusetzen. Kleine Flüssigkeitsmengen messen wir mit Meßpipetten, größere mit Meßzylindern ab.

Die Lösungen stets gut mit dem Wasser vermischen, damit keine Stellen höherer, vielleicht schädlicher Konzentration entstehen!

Dauerbäder gegen Hauttrüber, *Ichthyophthirius* u. ä., werden im Becken durchgeführt.

Die Filterung muß während dieser Zeit abgestellt werden oder besser, der Filter läuft nur mit frischer Perlonwatte. Am Schluß wechsle man das Wasser zum Teil. Den Pflanzen bekommen die meisten Kuren zwar nicht besonders gut, doch sie überstehen sie, und die im Becken befindlichen Keime müssen ja auch vernichtet werden.

Zu Kurz- und Tauchbädern wird der Fisch stets in ein besonderes Vollglasbecken mit der Badelösung gesetzt; daneben soll ein zweites Becken mit sauberem, für den Fisch in pH und Härte geeignetem, 1–2 °C wärmerem Wasser stehen. In dieses zweite Becken kommt der Fisch sofort, wenn er anomale Schwimmlage oder Zeichen großer Schwäche zeigt. Auf jeden Fall setzen wir ihn nach Beendigung des Bades in das zweite Becken, um ihn noch einige Zeit kontrollieren zu können. Nicht alle Fische sind gleich empfindlich gegen bestimmte Heilmittel. Im Kurzbad muß der Fisch daher ständig beobachtet werden. Im Dauerbad kontrollieren wir ihn wenigstens die erste Zeit dauernd, später in Abständen. Verträgt ein Fisch ein bestimmtes Heilmittel nicht, gehen wir auf ein anderes über.

Wir finden keine Diagnose

Kommen wir an Hand dieses Buches zu keinem Ergebnis – weil mit den uns zugänglichen Mitteln und Methoden eine Diagnose unmöglich ist oder eine hier nicht behandelte Krankheit vorliegt –, müssen wir einen Fachmann zu Rate ziehen (Hochschulinstitute, Fischereibehörden, Veterinärmedizinische Untersuchungsanstalten usw.).

Niemand kann aber etwas mit einer eingetrockneten Mumie anfangen. Am besten schickt man deutlich erkrankte, aber noch lebende Fische ein. Viele Parasiten verlassen den Wirt sehr kurze Zeit nach dem Tod, so daß sie an einer Leiche nicht mehr feststellbar sind. Muß ein toter Fisch eingeschickt werden, so eignen sich nur frischtote

Tiere. Nur wenn die Kiemen noch lebhaft rot sind, besteht Hoffnung auf eine erfolgreiche Diagnose. Der Fisch wird feucht, aber ohne Wasser, in eine Plastiktüte gepackt und so im Kühlschrank, aber nicht im Eisfach, bis zum Versand aufgehoben. Höchstens aber ein paar Stunden. Dann wird der Beutel, zusammen mit einem zweiten Plastikbeutel, der mit Eiswürfeln gefüllt ist, in einem Styropor-Karton abgeschickt. Expreßgut geht meist schneller als Postpaket mit Eilzustellung.

Wer Interesse am Erkennen und Behandeln von Fischkrankheiten gewonnen hat und mehr erfahren möchte, als dieses Buch bieten kann, sei auf weitere Bücher verwiesen. Das »Taschenbuch der Fischkrankheiten« von E. Amlacher, G. Fischer, Stuttgart, 1986 zeichnet sich durch eine sehr klare, übersichtliche Gliederung und durch ausgezeichnet zusammengestellte Anweisungen für die Praxis aus. Es beschäftigt sich hauptsächlich mit den Erkrankungen der Nutz- und Zierfische. Speziell den Aquarienfischen sind die Bücher von Dieter Untergasser »Krankheiten der Aquarienfische«, Franckh-Kosmos-Verlag, Stuttgart, 1989 und »Gesunde Diskus und Großcichliden«, Band I + II, Bede-Verlag, Kollnburg, 1991 gewidmet.

Darüber hinaus kann jedem Interessenten der »Arbeitskreis Fischkrankheiten« empfohlen werden. Diese kostenlose Einrichtung des VDA besteht bereits seit 24 Jahren. Sie dient dem Zweck, kranke Fische zu untersuchen und Aquarianer in die Lehre der Fischkrankheiten einzuführen.

Vorsitzender:
Karl Wilfried Hamel,
Darmstädter Str. 179,
6140 Bensheim-Auerbach,
Tel.: (06251) 73696.

Vorbeugen ist besser als Heilen

Wenn wir unseren Fischen Bedingungen bieten, unter denen sie sich wohl fühlen, werden viele Krankheiten gar nicht aufkommen. Das Einrichten von Aquarien und die Pflege der Fische kann hier nicht behandelt werden; es ist aber notwendig, wieder und wieder zu betonen, daß man über die Ansprüche seiner Pfleglinge genau Bescheid wissen muß, um erfolgreich Fische zu halten und zu züchten.

Viel Mißgeschick entsteht durch die sogenannten »Gesellschaftsaquarien«, in die wahllos alles hineingeworfen wird, was bunt ist und sich nicht auffrißt. Allen Fischen recht getan ist eine Kunst, die niemand kann! Natürlich kann man ein Becken mit verschiedenen südamerikanischen Salmlern einrichten, aber dann gehören asiatische Barben oder gar der schöne Celebes-Sonnenfisch *Telmatherina* nicht hinein.

Neu hinzukommende Fische gehören 3–6 Wochen in Quarantäne. Diese Forderung steht in jedem Buch. Erfahrene Aquarianer plädieren andererseits dafür, neu gekaufte Fische sofort in das eingerichtete Becken zu den bereits vorhandenen zu setzen. Sie behaupten, so weniger Verluste zu haben. Das stimmt sogar, bis dann eines Tages doch eine richtige Seuche eingeschleppt wird und alle Neuankömmlinge und Alteingesessenen in den Fischhimmel eingehen.

Quarantäne soll sein, aber richtig. Ein Becken ohne Inneneinrichtung mit frischem Wasser ist der sichere Weg, den durch den Transport und die Haltung beim Händler geschwächten Fisch zu töten. Ein Quarantänebecken muß sorgfältig eingefahrenes Wasser enthalten und dem zunächst verängstigten Fisch Versteckmöglichkeiten und Ruhe bieten. Das Quarantäneaquarium darf auch nicht zu klein sein. Es sollte pro Tier eher mehr Liter Wasser enthalten, keinesfalls weniger als das endgültige.

Immer schwieriger wird es, Lebendfutter zu beschaffen. Bald wird der letzte Tümpel in der Umgebung der Städte verschwunden sein. Nie und unter keinen Umständen darf Futter aus Gewässern verwendet werden, in denen Fische leben. Die Gefahr, daß wir Krankheiten einschleppen, ist zu groß. Gewarnt sei auch vor Gewässern, in die ungeklärtes Abwasser gelangt sein kann. Was sich in vielen unserer Gewässer an Giften findet, spottet jeder Beschreibung. Ein Problem für sich sind die Tubifex, ohne die wir, zumal im Winter, kaum auskommen. Sie stellen aber eine Gefahrenquelle dar, zumal wenn sie unkontrollierbarer Herkunft sind. Sie sind Schlammbewohner, und im Schlamm sammelt sich vieles!

Die Hygiene gebietet, daß verschiedene Becken nicht untereinander in Berührung kommen. In dem einen können Krankheitserreger sein, die unter den dort herrschenden Umständen harmlos sind, im nächsten Becken aber die Ursache einer Seuche werden können. Das bedeutet: Für jedes Becken eigenes Netz, Schlammheber usw.! Oder man stelle alle Utensilien, wenn man sie gerade nicht benutzt, in eine Desinfektionslösung. Gut bewährt hat sich dafür eine gesättigte Kochsalzlösung. Nach spätestens $1/2$ Stunde sind Keime in dieser Lösung vernichtet. Die Geräte werden vor Gebrauch unter fließendem Leitungswasser abgespült. Das Verfahren hat den Vorteil der Billigkeit, außerdem können keine giftigen Substanzen verschleppt werden. Aber nicht nur Geräte, auch jeder in ein anderes Becken verspritzte Tropfen Aquarienwasser kann Unheil heraufbeschwören. Doppelte Vorsicht ist geboten, wenn in einem Becken eine Krankheit herrscht.

Grassiert in einem Aquarium eine unheilbare Krankheit, erhebt sich die Frage: Alles vernichten oder hoffen, daß die Natur sich hilft? Wer nur ein Becken hat, mag den zweiten Weg versuchen. Es bleibt aber zu bedenken, daß die Krankheitsursache vorhanden bleibt, selbst wenn die Verluste im Becken aufhören. Jede Störung, die die Fische, wenn auch nur unmerkbar, schwächt, kann die Krankheit erneut aufflackern lassen. Stehen noch andere Becken in der Wohnung, kann eine hinausgeschobene Entscheidung den gesamten Bestand kosten. Die Möglichkeit einer Verschleppung läßt sich nie vollständig ausschließen. Fliegen z. B. kümmern sich überhaupt nicht um gesundheitspolizeiliche Vorschriften!

Zur Desinfektion von Becken sei Kaliumpermanganat in einer dunkelroten Lösung empfohlen. Das Becken muß randvoll mehrere Tage damit stehen. Dann soll es heiß ausgebürstet werden. Sand muß zur Desinfektion im Backofen mehrere Stunden erhitzt werden!

Untersuchungstabelle

I. Beobachtungen am lebenden Fisch

	Symptom	Verdacht auf
Auftreten der Krankheits- erscheinungen	In kurzer Zeit (mehrere Stun- den bis zu 1 Tag) sterben alle oder fast alle Tiere. Einzelne Arten können verschont blei- ben. Tiere einer Art sind aber alle betroffen.	Vergiftungen durch ungeeignetes Wasser. Chemisch vor allem überprüfen: pH, Kohlendioxid- gehalt, s. S. 49,50 Sauerstoffgehalt, s. S. 49 Nitrit, s. S. 51 Kupfer, Zink, Phenole, s. S. 50 Futterschäden, s. S. 52
Verhalten	Fische springen, schießende Bewegungen	Säurekrankheit, s. S. 49 Laugenkrankheit, s. S. 50 Vergiftungen durch Pflanzen- schutzmittel u. ä., s. S. 51
	Luftschnappen, unregel- mäßige Atmung, Fische hängen an der Oberfläche	Sauerstoffmangel, s. S. 49 Ammoniakvergiftung, s. S. 51 Nitritvergiftung, s. S. 51 Kiemen prüfen
	Atmung beschleunigt, Kie- mendeckel werden rascher als normal bewegt, bei sonst annähernd normalem Ver- halten	Kiemenparasiten Kiemen prüfen
	Tiere stehen nach anfäng- licher Unruhe bewegungslos und sterben	Kohlendioxidvergiftung, s. S. 51
	anomale Schwimmhaltung	*Cryptobia*, s. S. 27 Gehirn und Schwimmblase nach II prüfen
	Trägheit, Tiere lassen sich im Extremfall mit der Hand greifen	*Cryptobia*, s. S. 27 viele Krankheiten in fortgeschrit- tenem Stadium
Gestalt	Abmagerung	bei verschiedenen Krankheiten, besonders achten auf *Ichthyosporidium*, s. S. 45 *Fischtuberkulose*, s. S. 46
	Wirbelsäulenverkrümmungen	*Camallanus*, s. S. 20 Sporentiercheninfektion, s. S. 33 Fischtuberkulose, s. S. 46 bei Jungfischen: Entwicklungs- oder Erbschaden, Tiere ausmerzen

Untersuchungstabelle

	Symptom	Verdacht auf
Gestalt	Aufblähung	*Ichthyosporidium*, s. S. 45 Fischtuberkulose, s. S. 46 Bauchwassersucht, s. S. 48 auch andere Krankheiten
	Kehlgeschwulst, evtl. mit Maulsperre	Schilddrüsenwucherung, Geschwülste, s. S. 49
	Glotzaugen	unspezifisch, vor allem prüfen unter II auf Fischtuberkulose, s. S. 46; *Ichthyosporidium* (s. S. 45), Sparganose s. u. Cestodes s. S. 22), Metacercarien, s. S. 25, verschiedene Bakterienkrankheiten
	Bei ruhig stehendem Fisch hängen aus dem After rötliche Würmer, vor allem bei Weibchen von Lebendgebärenden.	*Camallanus*, s. S. 20
Färbung	dauernd blasse Färbung	verschiedene Krankheiten, ungeeignete Haltung (zu hell, keine Versteckplätze, Wasser zu weich oder zu hart, pH usw.)
	dunkle bis schwarze Färbung, teilweise oder vollständig	*Ichthyosporidium*, s. S. 45 Geißeltierchen, s. S. 26 Melanosarcom, s. S. 49 Nervenschädigung durch Unfall oder Parasiten
	weißliche Stellen unter der Haut	*Pleistophora* oder andere Sporentierchen, s. S. 33, 34 »Falsche Neonkrankheit«, s. S. 48
	weiße Schnauzenpartie, besonders bei Lebendgebärenden, außer Guppy	*Columnaris*, s. S. 47
Körperoberfläche	traubenförmige, aus dem Körper heraushängende Eiersäcke	*Lernaea* u. Verwandte, s. S. 15
	Schuppensträube	Bakterieninfektionen, s. S. 46 *Columnaris*, s. S. 47 Futterschäden, s. S. 52 Hautabstrich prüfen
	Krebse auf der Haut, besonders an der Rückenflosse	*Argulus*, s. S. 14

Untersuchungstabelle

	Symptom	Verdacht auf
Körperoberfläche	feine bis gröbere Hautbeläge	Hauttrüber Hautabstrich prüfen
	bis ca. 1 mm große, grießkorn-artige Hautbeläge	im Süßwasser *Ichthyophthirius,* s. S. 39 im Seewasser *Cryptocaryon,* s. S. 42 Sporentierchen, s. S. 33 Hautabstrich prüfen
	weiße wattebauschähnliche Hautbeläge	Saprolegniacea, s. S. 45 Hautabstrich prüfen
	ähnliche, aber feinere Fäden, oft an einzelnen Stellen	*Columnaris,* s. S. 47 *Spironucleus,* s. S. 29 Hautabstrich prüfen
	Haut wie verätzt, milchige Trübungen, Entzündungen, verschleimt	Säurekrankheit, s. S. 49 Laugenkrankheit, s. S. 50 besonders bei langflossigen Fischen auch *Costia,* s. S. 26 Hautabstrich prüfen
	kugelige, sich fest anfühlende Erhebungen bis 2 mm, beson-ders auf den Flossen, sieht wie anhaftender Fischlaich aus, durchscheinend	*Lymphocystis,* s. S. 48
	kleine Bläschen unter der Haut, große Fische knistern beim Herausnehmen	Gasblasenkrankheit, s. S. 50
	rötliche bis schwarze Knötchen	Metacercarien, s. S. 25
	rötliche entzündete Stellen, später weißgrau werdend	*Argulus,* s. S. 14
	kreisförmige entzündete Stellen	Fischegel, s. S. 15
	weiße Knötchen in der Haut, besonders auf Flossen, un-durchsichtig	Sporentierchen, s. S. 33 Knötchen herauskratzen oder -schneiden, zerquetschen und mikroskopieren
	uneinheitlich	mechanische Verletzungen

Untersuchungstabelle

	Symptom	Verdacht auf
Körperoberfläche	Flossenzerstörungen, Auf- fasern der Flossen, Flossen fallen ab	bakterielle Flossenfäule, s. S. 47 Saprolegniacea, s. S. 45 *Columnaris*, s. S. 47 »Falsche Neonkrankheit«, s. S. 48 Fischtuberkulose, s. S. 46 *Ichthyosporidium*, s. S. 45
Hautabstrich	kleine Würmer	Monogenea, s. S. 22
	bohnenförmige, kleine, sehr schnell bewegliche Geißel- tierchen	*Costia*, s. S. 26
	kreisförmige Wimpertierchen, mit Hakenkranz, kreisende Bewegungen	*Trichodina*, s. S. 44
	stumpf ovale bis herzförmige Wimpertierchen, beweglich	*Chilodonella*, s. S. 43
	kleine festsitzende Wimper- tierchen mit Stiel, nur der Wimperkranz beweglich	*Glossatella*, s. S. 44
	große runde Wimpertierchen, ohne Hakenkranz, kreisende Bewegung	im Süßwasser *Ichthyophthirius*, s. S. 39 im Seewasser *Cryptocaryon*, s. S. 42
	verkehrt-urnenförmige Ein- zeller, gelblich bis bräunlich, Kern heller, aber meist undeut- lich, unbeweglich	*Oodinium*, s. S. 32
	verfilzte Fäden	Saprolegniacea, s. S. 45
Kiemen (Unter- suchung des mit einer Pipette abgesaugten Materials)	alle Punkte von Hautabstrich, zusätzlich Wurmeier mit oder ohne Haftfäden	Monogenea, s. S. 22
	mützenförmige Wurmeier	*Sanguinicola*, s. S. 25
Kotausstrich	viele rasch bewegliche Geißeltierchen	*Spironucleus*, s. S. 29 *Hexamita*, s. S. 28, und andere
	lange ovale Geißeltierchen, an einem Ende zu einer Spitze ausgezogen	Diskusparasit, s. S. 28

Untersuchungstabelle

	Symptom	Verdacht auf
Kotausstrich	Wurmeier mit Knöpfchen am Ende	*Capillaria,* s. S. 19
	andere Wurmeier	verschiedene Digenea, s. S. 25 Nematoden, s. S. 19 Cestoden, s. S. 22
	kleine, dünne, farblose Wurmlarven	*Camallanus,* s. S. 20

II. Untersuchungen am getöteten Fisch

	Symptom	Verdacht auf
Blut	Geißeltierchen, lebend beweglich, etwa Länge eines Blutkörperchens	*Cryptobia,* s. S. 27 *Trypanosoma,* s. S. 28
Hautabstrich	wie unter I	
Kiemen	wie unter I zusätzlich: Knötchen wechselnder Größe, geben beim Zerquetschen große Mengen von Sporen frei	Sporentierchen, s. S. 33
	braune Beläge	Säurekrankheit, s. S. 49
	blaß	Laugenkrankheit, s. S. 50
	Krebse mit Klammerhaken	Ergasilidae, s. S. 15
	in den Kiemen reihenartig angeordnete Körner, stark lichtbrechend	Zeichen für Stoffwechselkrankheit, Nierenschädigung, häufig bei *Spironucleus,* s. S. 29, oder Hälterung in ungeeignetem Wasser
Leibeshöhle	mit Flüssigkeit gefüllt	»Bauchwassersucht«, s. S. 48 Stoffwechselschädigung
	Zysten mit Wurmlarven a. Larven mit einem mit Hakenkränzen versehenen Rüssel	Acanthocephali, s. S. 16

Untersuchungstabelle

	Symptom	Verdacht auf
Leibeshöhle	b. Larven mit einem flachen Hakenkranz oder/und Saugnäpfen oder ohne beides, dann Larve unregelmäßig gestaltet, in der Zyste häufig stark lichtbrechende Körner	Sparaganose, s. Cestodes S. 22
	c. Larven mit Saugnäpfen, gegabelter Darm an der herauspräparierten Larve erkennbar	Digenea, s. S. 25
	d. Larven wurmähnlich schlank, an beiden Enden spitz zulaufend, meist spiralig aufgerollt	Nematoden, s. S. 19
	Organe miteinander verwachsen, manchmal entzündet	Bauchwassersucht, s. S. 48 bakterielle Infektionen
	Leber teilweise grün	Gallenrückstau *Hexamita*, s. S. 28 u. a. Krankheiten, Futterschäden
	Leber gelblich oder schwarzrot statt weinrot	Leber verändert durch viele Krankheiten
Quetschpräparate der inneren Organe	Geißeltierchen in der Gallenblase	*Hexamita*, s. S. 28
	Geißeltierchen in Darm, Leber, Niere u. anderen Organen	*Spironucleus*, s. S. 29 *Hexamita*, s. S. 28, und andere
	Knötchen mit vielen kugeligen Sporen	Sporentierchen, s. S. 33
	Zysten wechselnder Größe, meist mit dunklen bis schwarzen Pigmentkörnern, Wurmlarven s. unter Leibeshöhle	*Ichthyosporidium*, s. S. 45 Fischtuberkulose, s. S. 46
	Leber enthält viele Fettkügelchen	Verfettung, zu einseitige Fütterung, Vitaminmangel (manche Fischarten haben normalerweise Fett in der Leber)
	mützenförmige Wurmeier, besonders in Leber und Niere	*Sanguinicola*, s. S. 25

Untersuchungstabelle

	Symptom	Verdacht auf
Darm und Darmausstrich	siehe unter Kotausstrich	
	sackartige Würmer, mit Stachel-rüssel in Darmwand festsitzend	Acanthocephali, s. S. 16
	fadenartige Würmer, Weibchen im Inneren mit Eiern oder Larven	Nematoden, s. S. 19
	große dicke Würmer, die sich schlängelnd bewegen (2–4 mm)	*Oxyurida*, s. S. 19
	fadenartige Würmer, rot, braune Kopfkapsel, im Enddarm	*Camallanus*, s. S. 20
	Würmer mit kopfartiger Ver-dickung	*Caryophyllaeus*, s. S. 22
	Würmer mit Sauggruben oder Saugnäpfen, nur am Vorder-ende	Cestodes, s. S. 22
	Würmer mit einem Saugnapf am Vorderende und einem weiter hinten	Digenea, s. S. 25
	kugel- bis urnenförmige Ein-zeller, unbeweglich	*Oodinium*, s. S. 32
Muskelquetsch-präparat	Zysten mit Wurmlarven siehe Leibeshöhle	
	Zysten mit vielen Innen-körpern	*Pleistophora*, s. S. 34
Auge, Quetsch-präparat des Augenhinter-grundes	Zysten wechselnder Größe, meist mit dunklen, braunen bis schwarzen Pigmentkörnern	*Ichthyosporidium*, s. S. 45 Fischtuberkulose, s. S. 46
	Zysten mit Wurmlarven siehe Leibeshöhle	
	Gasblasen im Auge	bakterielle Infektion, s. S. 46
Gehirnquetsch-präparat	Zysten mit vielen Innen-körpern	Sporentierchen, s. S. 33
	Zysten wechselnder Größe, meist mit dunklen, braunen bis schwarzen Pigmentkörnern	*Ichthyosporidium*, s. S. 45 Fischtuberkulose, s. S. 46

Register

Register

Register